Los micénicos

Una guía fascinante de la primera civilización avanzada de la antigua Grecia

© Copyright 2021

Todos los derechos reservados. Ninguna parte de este libro puede ser reproducida de ninguna forma sin el permiso escrito del autor. Los revisores pueden citar breves pasajes en las reseñas.

Descargo de responsabilidad: Ninguna parte de esta publicación puede ser reproducida o transmitida de ninguna forma o por ningún medio, mecánico o electrónico, incluyendo fotocopias o grabaciones, o por ningún sistema de almacenamiento y recuperación de información, o transmitida por correo electrónico sin permiso escrito del editor.

Si bien se ha hecho todo lo posible por verificar la información proporcionada en esta publicación, ni el autor ni el editor asumen responsabilidad alguna por los errores, omisiones o interpretaciones contrarias al tema aquí tratado.

Este libro es solo para fines de entretenimiento. Las opiniones expresadas son únicamente las del autor y no deben tomarse como instrucciones u órdenes de expertos. El lector es responsable de sus propias acciones.

La adhesión a todas las leyes y regulaciones aplicables, incluyendo las leyes internacionales, federales, estatales y locales que rigen la concesión de licencias profesionales, las prácticas comerciales, la publicidad y todos los demás aspectos de la realización de negocios en los EE. UU., Canadá, Reino Unido o cualquier otra jurisdicción es responsabilidad exclusiva del comprador o del lector.

Ni el autor ni el editor asumen responsabilidad alguna en nombre del comprador o lector de estos materiales. Cualquier desaire percibido de cualquier individuo u organización es puramente involuntario.

Índice

INTRODUCCIÓN - ¿QUIÉNES ERAN LOS MICÉNICOS? 1
CAPÍTULO 1 - ORGANIZACIÓN POLÍTICA Y MILITAR 4
CAPÍTULO 2 - CULTURA Y VIDA COTIDIANA 14
CAPÍTULO 3 - ECONOMÍA Y COMERCIO 25
CAPÍTULO 4 - EL PERIODO DE LAS TUMBAS DE CÚPULA,
ALREDEDOR DE 1600 - 1450 A. C. 32
CAPÍTULO 5 – EL PERIODO KOINÉ, APROX. 1450 - 1250 A. C. 38
CAPÍTULO 6 - EL COLAPSO, ALREDEDOR DE 1250 - 1100 A. C. 42
CAPÍTULO 7 - LOS PRECURSORES DE LA RELIGIÓN GRIEGA 48
CAPÍTULO 8 - ARTE Y ARQUITECTURA 55
CONCLUSIÓN 66
VEA MÁS LIBROS ESCRITOS POR CAPTIVATING HISTORY 68
REFERENCIAS 69

Introducción - ¿Quiénes eran los micénicos?

¿Qué estudiante del mundo occidental no ha estudiado a los antiguos griegos, una civilización tan influyente en la civilización contemporánea que los países de todo el mundo continúan implementando sus ideas políticas y su opulenta arquitectura hasta el día de hoy? Casi todo el mundo ha escuchado las historias de Atenas, de Esparta, de Zeus y Hera y Poseidón. ¿Pero quién ha oído hablar de los micénicos, los predecesores y creadores de los cimientos que hicieron tan grandes a los antiguos griegos?

Cualquiera que haya oído hablar de los antiguos griegos está un poco familiarizado con Micenas. Oficialmente llamados los griegos micénicos, los micénicos fueron una civilización nativa que vivió en el Peloponeso, o la porción continental de la península griega. Vivieron desde aproximadamente el 1600 a. C. hasta el 1100 a. C. En términos históricos, la abreviatura "a. C." significa "antes de Cristo" y se refiere a los años anteriores al equivalente gregoriano moderno del año 1. Así que, para entender hace cuánto tiempo vivieron los micénicos, se tiene que tomar el año actual —por ejemplo, 2019— y luego añadir el año que aparece antes del a. C. Dado que la civilización micénica se mide oficialmente a partir del 1600 a. C., entonces una persona puede calcular que los micénicos vivieron hace 2019 + 1600 = 3.619 años.

Grecia - El hogar de los micénicos

Los micénicos fueron la primera civilización avanzada que se desarrolló en la Grecia continental y fueron responsables de gran parte de la organización urbana y el desarrollo cultural que se observó en los primeros griegos antiguos. Los micénicos crearon extensos estados palaciegos, obras de arte únicas y sofisticadas, y poseían un sistema de escritura que podía ser utilizado para hacer registros. Por estas razones, se consideran un ejemplo de una próspera civilización de la Edad de Bronce.

La Edad de Bronce es un término académico utilizado para clasificar las civilizaciones que desarrollaron la metalurgia lo suficiente como para poder producir armas, armaduras y herramientas de bronce de forma regular. Esta tecnología dio a civilizaciones como la griega micénica una ventaja significativa sobre aquellas que carecían de tales habilidades, ya que el metal duro mejoró la destreza en el combate y la capacidad de cosechar los cultivos. A través del uso del bronce, los micénicos fueron capaces de crear un poderoso ejército y establecer numerosos centros de poder, incluyendo los prominentes Micenas, Pilos, Tebas, Atenas (sí, esa Atenas), Midea y Orcómeno[1]. Algunos asentamientos fuera de la Grecia continental estaban en islas en el mar Egeo, así como en el Levante e Italia.

Los micénicos fueron responsables de numerosas innovaciones y avances tecnológicos para la región, incluyendo la arquitectura y la estructura militar. Desarrollaron su propia escritura silábica llamada "lineal B" y también poseían los primeros registros escritos de la lengua griega. Tal vez más sorprendente para el público moderno, los micénicos adoraban a varias de las deidades famosas en la religión griega mucho antes del desarrollo del panteón olímpico. Aunque los micénicos caerían eventualmente durante lo que se conoce como el Colapso de la Edad de Bronce tardía, su civilización sobreviviría adaptándose y transformándose en los antiguos griegos tan bien conocidos en las civilizaciones occidentales.

---

[1] Charles Freeman, *Egypt, Greece and Rome: Civilizations of the Ancient Mediterranean* (3rd ed.). Oxford: Oxford University Press, 2014.

Capítulo 1 - Organización política y militar

Como la primera civilización griega, los micénicos sentaron las bases para el futuro desarrollo político. Al igual que sus sucesores los antiguos griegos, los micénicos desarrollaron un complejo sistema administrativo que se basaba en asentamientos dispares que compartían una cultura que trabajaba en conjunto. Estos asentamientos eran grandes centros urbanos como Micenas, Pilos, Atenas y Tebas. Aunque había un rey central y una dinastía centrada en Micenas, los otros estados palaciegos poseían fuertes gobernantes que tenían sus propios intereses militares y económicos. Era difícil que todo funcionara sin problemas, y sin embargo la civilización logró tener éxito durante cinco siglos gracias a la cuidadosa organización de los importantísimos estados palaciegos.

Los estados palaciegos

Las primeras menciones de los estados palaciegos provienen de famosas epopeyas griegas y de la mitología como la *Ilíada*, que menciona la presencia de estados independientes que operan bajo una cultura similar. El arqueólogo alemán Heinrich Schliemann, entre muchos otros, confirmó la presencia de estas políticas palaciegas organizadas en el siglo XX. Cada estado palaciego micénico poseía un palacio desde el que se gobernaba y administraba. Las poderosas figuras políticas que habitaban el palacio controlaban los territorios circundantes y a menudo ejercían influencia sobre importantes industrias como la fabricación de textiles y armas. Cada estado palaciego estaba dividido en subregiones con sus propios centros provinciales que eran dirigidos por gobernadores. Estas provincias más pequeñas se dividían a su vez en distritos llamados *da-mo*[2].

Los estados palaciegos contaban con sus propias fortificaciones militares que formaban un amplio sistema defensivo para el territorio micénico. Aunque no había una sola dinastía gobernante, los registros indican que Micenas controlaba hasta tres veces más territorio que los otros estados y parecía ser el más poderoso. Este poder le permitía controlar asentamientos adyacentes como Nauplia y Tirinto y es así como los micénicos se ganaron su nombre. Los registros arqueológicos de Grecia carecen de evidencia que apoye un estado micénico unificado, pero los documentos de los hititas y los egipcios hacen referencia a un estado que existía bajo una figura conocida como el "Gran Rey"[3]. En la actualidad, los académicos creen que la evidencia sugiere que hubo una coalición de los estados palaciegos similar a la que usaron los antiguos griegos posteriores. Por lo tanto, los centros de poder más probables habrían sido Micenas o Tebas, el más grande y rico de los estados.

Sociedad y cultura política

La sociedad micénica, potencialmente porque estaba conectada con muchas otras en todo el Mediterráneo, se asemejaba a otras civilizaciones de la Edad de Bronce en su estructura social. Hasta donde los historiadores pueden decir, había una clara jerarquía entre dos grupos separados de hombres libres —y el énfasis está en los hombres— y una clase de esclavos. La mejor manera de entender la

---

[2] Jorrit M. Kelder, *The Kingdom of Mycenae: A Great Kingdom in the Late Bronze Age Aegean*, Bethesda: CDL Press, 2010.

[3] Kelder, *The Kingdom of Mycenae*, p. 46.

sociedad micénica es como un pastel de tres capas con muchos deliciosos rellenos diferentes en las capas. Cada capa era distinta, y había numerosos "sabores" de categorización social en ellas. Las tres clases principales eran el séquito real o de palacio, los plebeyos o *damos* (más tarde y más comúnmente conocidos como *demos*), y los esclavos.

El séquito consistía en funcionarios ricos que provenían de familias influyentes y poderosas. Se les podía considerar nobles y solían ocupar importantes cargos administrativos o militares. Podían ser recaudadores de impuestos, consejeros, generales, posibles responsables políticos y otros agentes reales. Los historiadores creen que estas personas habitaban en las grandes casas y fincas cercanas al palacio, aunque lo más probable es que muchos de los habitantes de estas casas eran poco mejores que el resto de la población, ya que eran sirvientes. Sus contrapartes eran miembros del *demos*, que constituían la mayoría de la población. Los *demos* eran individuos técnicamente libres que realizaban un trabajo agotador y ocupaban puestos como granjeros y artesanos. Algunos podrían haber sido comerciantes, pero los demos tendían a ser pobres y de poca importancia. Más abajo en la escala social estaban los esclavos, que se llamaban *do-e-ro* o *do-e-ra* (formas masculinas y femeninas). Los esclavos trabajaban principalmente para el palacio o para los sacerdotes en los sitios religiosos.

Sin embargo, estas clases sociales poseían aún más dimensiones más allá de las tres básicas. En la clase alta, el individuo más poderoso era el *wanax*, o gobernante[4]. El *wanax* era siempre un hombre que poseía un papel de rey y las responsabilidades que lo acompañaban. Hacía leyes, determinaba los impuestos que pagaban los súbditos y era responsable de las declaraciones de guerra y del liderazgo general. Los historiadores creen que el *wanax* también necesitaba realizar

---

[4] Sigrid Deger-Jalkotzy e Irene S. Lemos, *Ancient Greece: From the Mycenaean Palaces to the Age of Homer*, Edinburgh: University of Edinburgh Press, 2006.

algunas ceremonias religiosas ya que el cargo estaba relacionado con la religión. Para los micénicos, el rey era significativo como conexión entre los dioses y los humanos promedio. La familia real era elegida para gobernar por las deidades y se consideraba que tenía una posición elevada en la sociedad y en la vida después de la muerte. Otro miembro importante del nivel superior era el *telestai*. Los investigadores creen que los *telestais* habrían sido líderes religiosos, similares a los sacerdotes, que dirigían ceremonias y cultos para el público en general. Lo más probable es que también fueran terratenientes.

Otros miembros del grupo superior eran los líderes militares. El líder más importante era el *lawagetas*, el segundo individuo de mayor rango en toda la civilización[5]. Los historiadores no están seguros de su papel, ya que siempre fue un papel masculino. El *lawagetas* podría haber sido el general de mayor rango, pero también podría haber sido una figura decorativa; por ejemplo, algunos estudiosos creen que el *lawagetas* era en realidad el príncipe mayor al que se le daba una posición influyente en preparación de su papel como futuro *wanax*. Por debajo de los *lawagetas* estaban los *hequetai*. Los *hequetai* eran una clase de guerreros y nobles que podrían haber cabalgado a la batalla como la caballería o los operadores de carros. Su habilidad para cabalgar, usar y tener caballos los colocaba por encima de los soldados de a pie regulares. Los miembros de los *hequetai* eran muy probablemente terratenientes como el resto de la alta sociedad. También habría un *kawete* local en cada una de las dieciséis provincias que funcionaban como alcalde[6].

En la parte inferior del nivel superior, casi en el medio, estaban los artesanos. Los artesanos eran hábiles en la fabricación de artículos de alta calidad como cerámica, armaduras y armas. Tendían a trabajar en el palacio o en otras propiedades de clase alta y fabricaban artículos

---

[5] Ibíd.

[6] Ibíd.

de calidad superior en comparación con sus homólogos que fabricaban bienes comunes como herraduras. Los administradores proporcionaban a los artesanos materiales y productos típicamente comisionados necesarios para el ejército o para el bien común. Estos podían incluir más lanzas y escudos, pero también podían ser la creación de más vasijas para almacenar el excedente de aceite de oliva y grano en el palacio.

Las diferentes posiciones de los *demos* y los esclavos son menos conocidas. Los artesanos estaban claramente situados por encima de los agricultores y los trabajadores en general, pero no está claro cuánto. Los esclavos eran, según todos los indicios, tratados como humanos de segunda clase, pero los que trabajaban en el palacio tenían sus propias jerarquías. Por ejemplo, un esclavo que trabajara directamente para el *wanax* estaría por encima de alguien en la cocina.

Los militares

A diferencia de los vecinos minoicos, los micénicos poseían una desarrollada y compleja estructura militar evidente por las numerosas armas desenterradas en toda Grecia. El combate y el guerrero ideal eran temas populares en los frescos y la cerámica, mientras que los ejemplos de infraestructura y batallas militares se podían encontrar en los documentos micénicos escritos en el lineal B. En comparación con otros pueblos de la región del Mediterráneo septentrional, los micénicos eran laboriosos y dedicados a una infraestructura militarista que dominaba su civilización. Numerosos historiadores creen que el sistema micénico influiría en los siguientes griegos antiguos, que adoptaron numerosas tradiciones como la élite guerrera y los reinos guerreros —como mejor ejemplo, los interesados pueden investigar sobre la ciudad-estado griega de Esparta.

Los micénicos fueron uno de los varios reinos guerreros que existieron a finales de la Edad de Bronce en el Peloponeso. Los micénicos eran los residentes de Micenas, un reino que se expandía rápidamente hacia el mar Egeo a través de la costa de Anatolia. A través de su destreza militar, los micénicos se las arreglaron para conquistar lugares como Chipre mediante una combinación de sofisticadas tácticas e infantería pesada. Su armamento preferido durante la principal expansión en el siglo XV a. C. fue la clásica lanza y grandes escudos rectangulares diseñados para proteger la mayor parte del cuerpo del portador. En el siglo XIII, los cambios tecnológicos obligaron a los micénicos a ser más flexibles, y los soldados comenzaron a usar más a menudo armas más pequeñas y ligeras como las espadas. Los escudos también cambiaron, convirtiéndose en el conocido diseño de la "figura de ocho". Hacia la caída de Micenas, los militares poseían numerosas características de los hoplitas griegos.

Es importante notar que los materiales usados para las armas y los escudos cambiaron con el tiempo. En los primeros siglos, los micénicos fabricaron sus armas y escudos de torre casi totalmente de bronce sólido. Aunque era un metal blando, el bronce era lo suficientemente fuerte para bloquear los golpes de lanzas y espadas, y el diseño daba amplia cobertura a los combatientes. A medida que el combate se hacía más rápido y los ejércitos utilizaban armas más ligeras, los micénicos comenzaron a hacer sus característicos escudos de figura de ocho a partir de múltiples capas de piel de toro y tiras de cuero. Estos escudos seguían siendo fuertes, pero eran mucho más fáciles de llevar.

El ejército de la Edad de Bronce de Micenas se parecía al de muchas otras civilizaciones en este momento. La infantería pesada era el nombre del juego. Los guerreros y soldados estaban blindados y llevaban un impresionante armamento que tendía a ser pesado, largo y difícil de balancear. Se usaban picas y lanzas para mantener el combate lejos del cuerpo, y también se usaban escudos de torre. Un escudo de torre podía ser casi tan alto como el hombre que lo portaba, lo que dio lugar a tácticas que favorecían a grupos de soldados muy unidos que sostenían los escudos en formaciones apretadas para formar muros.

Los micénicos pueden o no haber usado carros de guerra —los historiadores y arqueólogos continúan debatiendo debido a la falta de pruebas. Aunque algunos frescos y registros muestran que se podían ver guerreros montados a caballo en el campo de batalla micénico, no está claro si representaban carros o si los hombres representaban arqueros u oficiales. La mayor información que los académicos pueden recoger es que desde los siglos XVI a XIV a. C., los micénicos usaron carros de guerra de forma limitada para luchar, pero que cayeron en desgracia y en cambio fueron usados para transportar bienes y suministros en el siglo XIII a. C.[7].

Fresco del carro de Pilos, aprox. 1350 a. C.

Los frescos indican que el carro micénico era conducido por dos caballos y podía llevar más de un individuo. Estos carros se diferenciaban de los utilizados por otras civilizaciones de la Edad de Bronce de la época porque eran más ligeros y tenían una cabina abierta, que es la sección donde se paraba el conductor. La cabina habría dejado a los conductores y jinetes abiertos al ataque, dando lugar a la idea de que los carros se utilizaban mejor para el transporte hacia y desde los lugares que como vehículo de combate. Sin embargo, los arqueólogos han descubierto pruebas que muestran que los carros más ligeros, que son comunes de encontrar en lugares

---

[7] Nic Fields, *Bronze Age War Chariots*, Oxford: Osprey Publishing Company, 2006.

como Cnosos y Pilos, vinieron después de un carro más pesado que habría sido más adecuado para la batalla. Por eso los académicos continúan debatiendo qué propósito podrían haber tenido los vehículos. Es muy posible que los micénicos hubieran producido dos diseños separados para propósitos diferentes.

Si los carros y los soldados de a pie no lograban mantener a raya a los invasores, los micénicos podían recurrir a sus fortificaciones. Estas estaban hechas de piedra gruesa y típicamente construidas sobre terreno elevado para una ventaja táctica contra ejércitos extranjeros. Algunos centros conocidos también se desarrollaron en planicies costeras, particularmente el famoso Gla[8]. Gla estaba en Beocia y estaba hecho de piedra caliza. Estaba situado en un lago que actualmente está drenado, pero habría obtenido varios beneficios defensivos por estar situado en tal lugar, así como un suministro de agua dulce para las tropas durante los asedios. El fuerte tenía aproximadamente 20 hectáreas (4.9 acres) de tamaño y albergaba varios edificios.

Gla es uno de los mejores sitios para estudiar en busca de pistas sobre las fortificaciones micénicas porque el lugar parece haber sido construido exclusivamente para los militares. Los restos de las estructuras internas indican que los edificios estaban destinados para ser temporales y se crearon rápidamente, mientras que el grosor de los muros estaba destinado a soportar un asedio. La presencia de distintas tejas de cubierta y recipientes cocidos lleva a los arqueólogos a creer que Gla tuvo una vez un tejado a dos aguas similar a los utilizados por los sucesores de los micénicos, los antiguos griegos.

Gla y otras fortalezas micénicas fueron creadas al estilo ciclópeo. Los muros estaban hechos de grandes rocas sin trabajar, lo que significa que no se habían hecho cambios en las piedras cuando fueron cortadas de las canteras. La mayoría de estas rocas tenían un

---

[8] Nic Fields, *Mycenaean Citadels c. 1350-1200 BC* (3rd ed.), Oxford: Osprey Publishing Company, 2004.

grosor aproximado de 6 metros y pesaban varias toneladas. Aparece la mampostería de piedra cortada, pero solo se usaba alrededor de puertas y portales[9].

Los guerreros micénicos llevaban armaduras hechas de placas o escamas de bronce. Un juego completo tendría una coraza, hombreras y cobertura en los brazos. El conjunto fue diseñado para ser flexible, robusto y lo suficientemente cómodo para que los hombres lo llevaran durante largos períodos de tiempo. Un juego completo llamado la panoplia de Dendra fue descubierto en Dendra en Grecia. El conjunto completo pesa aproximadamente 40 libras y fue elaborado entre 1450 y 1400 a. C. Hay sorprendentes similitudes entre la armadura de los guerreros micénicos y la de los antiguos hoplitas griegos, lo que indica que gran parte de la tecnología y el diseño utilizados durante la antigüedad griega clásica ya fueron implementados por los micénicos[10].

La armadura corporal, sin embargo, no podía cubrir todo, y los micénicos necesitaban defender sus cráneos de las peligrosas espadas y lanzas que esgrimían sus enemigos. La forma más común de protección de la cabeza micénica era algo llamado el casco de colmillo de jabalí. Estos eran tocados cónicos reforzados con filas de colmillos de jabalí para crear una capa de protección resistente. El interior del casco era una solapa de cuero forrada de fieltro para mayor comodidad, y los colmillos de jabalí se cosían al cuero. Algunos guerreros también llevaban cascos de bronce con amplias protecciones en las mejillas y crestas, o cascos con cuernos hechos de capas y cosiendo tiras de cuero.

---

[9] Ibíd.

[10] Donald Kagan y Gregory F. Viggiano, *Men of Bronze: Hoplite Warfare in Ancient Greece*, Princeton: Princeton University Press, 2013.

Un casco de colmillo de jabalí

Como se mencionó anteriormente, los antiguos griegos sacaron gran parte de su estructura cultural, política y militar de Micenas. Los historiadores creen que las epopeyas griegas de poetas como Homero describían las tribulaciones y victorias del ejército micénico y su élite guerrera. Las fortificaciones, armas, armaduras y tácticas utilizadas por los micénicos eran, por lo tanto, las posesiones de los héroes guerreros que los griegos creían que les precedían. Sin embargo, esto también significa que la percepción del ejército micénico está coloreada por la interpretación literaria, ya que las epopeyas describen a los guerreros micénicos como inconstantes, pendencieros, orgullosos y obsesionados con su propio honor personal[11]. Si esto es o no cierto es objeto de debate, pero entre los artefactos y las epopeyas, está claro para los académicos modernos que el ejército micénico era una fuerza a tener en cuenta, aunque no fuera el combatiente más innovador de la Edad de Bronce.

---

[11] Rodney Castleden, *The Mycenaeans*. London and New York: Routledge, 2005.

Capítulo 2 - Cultura y vida cotidiana

El público contemporáneo podría entender mejor la vida cotidiana micénica a través de sus similitudes con los mucho más famosos griegos antiguos. Micenas, el hogar de los micénicos, poseía una estructura regional y una clara jerarquía social que determinaba la posición de una persona en la civilización. Existía una monarquía rudimentaria, administradores y nobles influyentes, un poderoso ejército y una gran clase de agricultores y trabajadores que formaban la base de la población. Los micénicos practicaban además la esclavitud y se sabía que habían esclavizado a pueblos de otras etnias, así como a otros pueblos del Peloponeso.

En términos de la vida diaria de la persona promedio, los arqueólogos se topan con algunos obstáculos para determinar el alcance total de las experiencias de un individuo típico. Después de todo, la mayoría de la población no sabía leer ni escribir y no habría sido lo suficientemente importante o rica como para encargar obras de arte de sí mismos o de sus actividades. Sin embargo, los artefactos y otros recursos proporcionan algunas pistas.

Roles de género

En la civilización micénica, los varones ocupaban los puestos más influyentes de la sociedad. Eran los líderes políticos y administradores, sacerdotes, generales, cazadores, pescadores, guerreros y marineros. Eran el género que dominaba la esfera pública, los aspectos de la sociedad que se ocupaban del mundo en general más que del hogar. Los hombres libres se consideraban los jefes del hogar y frecuentemente tenían el poder de la vida y la muerte sobre sus esposas e hijos. La mayoría de ellos podían heredar bienes, celebrar contratos legales, elegir con quién casarse y disfrutar de libertad sexual. Aquellos que no podían normalmente estaban bajo el control de sus padres, quienes tenían la máxima autoridad como el hombre más viejo de la casa. El nombre y la posición de la familia se heredaban de forma patriarcal, lo que significa que los hijos pertenecían a la familia de su padre. El análisis de los esqueletos antiguos también muestra que los hombres comían mejores dietas llenas de más proteínas y nutrientes que sus homólogas femeninas, lo que indica que se daba preferencia en la distribución de los recursos en función del género.

A pesar de esta situación, la mayoría de los hombres de la civilización micénica realizaban trabajos difíciles, generalmente como simples agricultores y obreros. Aunque disfrutaban de mayores libertades que las mujeres, la mayoría no tenían derechos políticos ni voz en la administración debido a la presencia de la élite guerrera.

En los primeros períodos de la sociedad micénica, las mujeres micénicas eran diferentes de sus homólogas de otras civilizaciones y parecían poseer más derechos, privilegios y responsabilidades que otras. Según los textos y frescos antiguos, las mujeres ricas eran capaces de poseer propiedades, cumplir importantes funciones religiosas, dirigir ceremonias religiosas y trabajar como artesanas y trabajadoras especializadas. Aunque su papel principal parecía ser el de madres y mantenedoras de la esfera doméstica, las mujeres micénicas parecían disponer de algunas opciones adicionales.

Sin embargo, esto no significa que fueran iguales a los hombres. Los arqueólogos han descubierto claras disparidades entre el tratamiento de los hombres y las mujeres en las vasijas, en los tipos de bienes funerarios con los que fueron enterrados y en la forma en que fueron referidos en los documentos. En particular, las mujeres parecían carecer de las oportunidades de ascenso social que tenían sus homólogos masculinos y no podían ocupar puestos influyentes como los *wanax*, los *lawagetas* o los *hequetai*. Los bienes funerarios indican que a las mujeres se les prohibían las actividades de las que disfrutaban los hombres, entre ellas beber en público, festejar, pelear y asistir a eventos sociales populares[12].

Las mujeres micénicas parecen haber sido relegadas a una existencia de segunda clase y fueron consideradas propiedad o responsabilidad de sus parientes masculinos a finales de la Edad de Bronce, quedando así desprovistas de los privilegios que disfrutaban anteriormente. Aunque muchas mujeres tenían trabajos físicamente exigentes fuera del hogar, como rudimentarias obreras de la construcción y cosechadoras, también se esperaba que se encargaran de las tareas domésticas y de la crianza de los hijos. Las mujeres de los frescos micénicos suelen aparecer como esposas y madres dedicadas a las tareas domésticas, y a menudo se las ve con niños pequeños, lo que consolida su papel social en la civilización micénica.

---

[12] Lynne E. Schepartz, Sharon R. Stocker, Jack L. Davis, Anastasia Papathanasiou, Sari Miller-Antonio, Joanne M. A. Murphy, Michael Richards, y Evangelia Malapani, "Mycenaean Hierarchy and Gender Roles: Diet and Health Inequalities in Late Bronze Age Pylos, Greece", en *Bones of Complexity: Bioarchaeological Case Studies of Social Organization and Skeletal Biology* editado por Haagen D. Klaus, Amanda R. Harvey, y Mark N. Cohen, Gainesville: University of Florida Press, 2017.

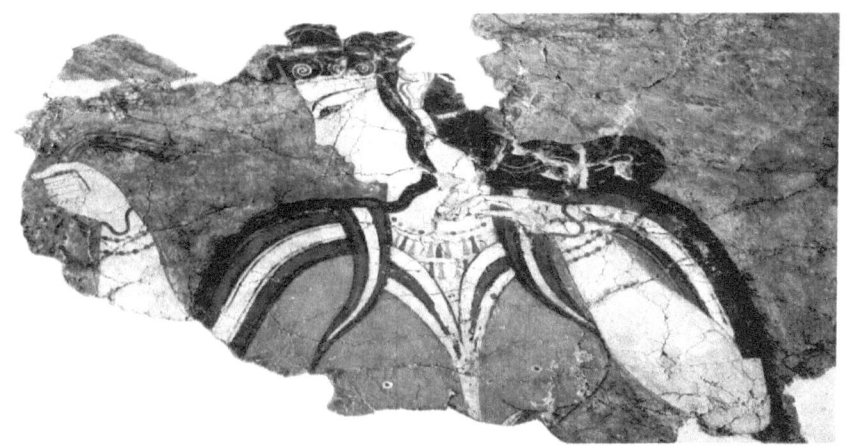

Fresco incompleto de una mujer micénica, aprox. Siglo XIII a. C.

Parece que se ha aplicado un doble estándar sexual a los hombres y mujeres micénicos. Los hombres disfrutaban de una libertad sexual mucho mayor mientras que se esperaba que las mujeres fueran vírgenes hasta el matrimonio. El adulterio era un delito punible, pero las leyes se aplicaban más a las mujeres que a los hombres. En cuanto al matrimonio, las mujeres eran consideradas miembros de la familia de su padre hasta que se casaban, y después de la boda, formaban parte de la casa de su marido. Aunque en la civilización micénica existía una mayor igualdad entre los géneros que en otras, la mujer seguía siendo relegada al papel de propiedad. También existía una disparidad en la edad del matrimonio; según el lugar, las muchachas se comprometían y se casaban a los trece o catorce años, mientras que la mayoría de los hombres se casaban entre los dieciocho y los veinte años.

Lineal B

El lineal B era la escritura silábica utilizada por los micénicos para grabar su lenguaje[13]. La mayoría de la población no sabía leer ni escribir, por lo que la mayoría de los documentos fueron creados por escribas y administradores capacitados para llevar un registro del comercio y de las cantidades de suministros que se guardaban en los palacios. El lineal B se desarrolló antes de la escritura griega oficial, pero fue posterior al lineal A, que era la escritura silábica descubierta en los sitios antiguamente habitados por los minoicos. Los arqueólogos han sido incapaces de descifrar el lineal A, pero se han dado cuenta de que tiene numerosas similitudes con el lineal B.

Tabla de lineal B, aprox. 1400 a. C.

Las primeras instancias conocidas del uso del lineal B por los micénicos son alrededor de 1450 a. C., lo que significa que se desarrolló varios siglos en la existencia de la civilización. El lineal B consistía en 87 signos silábicos y 100 signos ideográficos. Un signo

---

[13] Geoffrey Horrocks, *Greek: A History of the Language and Its Speakers* (2nd ed.), Oxford: Wiley-Blackwell, 2010.

silábico representaba una sílaba hablada o un sonido, que sería similar a los alfabetos modernos utilizados por la mayoría de las lenguas del mundo en la época contemporánea. Los signos ideográficos no se hablaban, sino que se escribían, y representaban un objeto o concepto. Nunca se usaron en oraciones con representaciones silábicas. A continuación, se incluye un ejemplo de un símbolo ideográfico del lineal B. Este en particular representaba un caballo, pero se usaban símbolos separados para distinguir entre yeguas y sementales.

El "Caballo" en lineal B

Dieta

La dieta micénica compartía numerosas similitudes con la cocina tradicional de la antigua Grecia porque las civilizaciones vivían en el mismo lugar y tuvieron pocos desarrollos agrícolas a lo largo de los siglos. Un cultivo básico eran las aceitunas, que podían comerse al madurar o recogerse y prensarse en aceite de oliva. Las verduras y carnes con sabor a aceite de oliva podían mezclarse en las bebidas, usarse como salsa para mojar el pan o formar parte esencial de las ceremonias religiosas. La mayoría de la gente consumía aceite de oliva de forma regular.

Otros cultivos significativos eran las frutas y verduras regulares capaces de prosperar en el terreno rocoso del Peloponeso. La mayoría de los micénicos no podían consumir carne con regularidad, y los cultivos como las legumbres desempeñaban un papel importante para asegurar que la gente común cumpliera sus objetivos calóricos y evitara la hambruna. Las nueces eran una fuente común de proteínas, y las familias comían hayuco, castañas y bellotas de los robles. Las verduras más populares eran las cebollas, el ajo y los garbanzos. Las frutas como los higos y las granadas se podían consumir como algo dulce o se secaban, conservaban o utilizaban para endulzar y dar sabor a los vinos.

Las uvas crecían salvajemente y podían ser usadas para hacer vino. El vino parecía ser usado para una variedad de propósitos, incluyendo como una bebida estándar, como bebidas para fiestas, y como una parte esencial de las ceremonias religiosas. Las hierbas se usaban para darle diferentes sabores, y las uvas que no estaban fermentadas podían secarse y comerse como pasas.

El consumo de carne se basaba en la clase social. Los micénicos de todos los rangos podían comer mariscos, pero la mayoría de las clases bajas comían animales que podían criar ellos mismos, como los pollos. Las personas más ricas tendrían acceso a criaturas como los cerdos, mientras que las cabras se utilizaban tanto para la leche como para la carne. Las ovejas se criaban para la lana y no se comían hasta que morían. La gente del campo podía cazar para alimentarse y así consumir una variedad de aves y criaturas como los conejos.

Los cereales formaban la base de la dieta micénica. Los granos más comunes eran el trigo y la cebada, que podían ser remojados en agua o leche, o molidos y cocidos en pan. El pan se comía típicamente junto con el aceite de oliva y las verduras. Mientras que el resto de la dieta podía variar según la clase social, la época del año y la disponibilidad general de alimentos, todos los micénicos consumían granos de cereales diariamente.

Cebada

Quizás la parte más extraña de la dieta micénica era el consumo de un batido o bebida llamada *ciceón* en griego antiguo. Numerosas referencias a esta bebida provienen de las épicas homéricas, donde héroes como Odiseo la bebían como bebida y comida. El *ciceón* era esencialmente gachas de cebada diluidas con agua y sazonadas con hierbas. A veces, los micénicos también agregaban queso de cabra rallado para dar más sabor y proteínas. El *ciceón* era popular entre todas las clases sociales, pero parecía especialmente común entre los campesinos micénicos. Un equivalente contemporáneo sería potencialmente el batido de proteína usado como sustituto de la comida entre los atletas modernos y los aficionados a la salud.

La producción de alimentos y otros consumibles se dividía por género. Mientras que los hombres y las mujeres se encargarían de los cultivos, el refinamiento de los granos y la cocción del pan eran típicamente trabajos de mujeres, así como la creación y preparación de las comidas del hogar. Los hombres solían ser responsables de otras tareas como la fermentación comercial del vino y el prensado de aceitunas para hacer aceite de oliva. De nuevo, las mujeres creaban lotes más pequeños para el hogar si había un suministro de uvas o aceitunas. La carnicería parecía haberse dividido casi por igual entre hombres y mujeres dependiendo de la escala de la labor; en general, las mujeres carneaban animales que se comían en casa mientras que los carniceros profesionales eran hombres. Los pescadores y los cazadores también eran típicamente hombres debido a los requisitos de fuerza necesarios para ambas profesiones.

Los arqueólogos y otros profesionales han realizado estudios y pruebas en esqueletos micénicos conocidos y han determinado que las diferentes clases sociales e incluso los géneros poseían dietas variadas. Basándose en las caries y en la evidencia de astillas y picaduras, pueden decir que las mujeres y las clases bajas no comían tan bien como los hombres y las clases altas de la sociedad.

Ropa

Los hombres libres normales llevaban taparrabos o faldas cortas de lana o lino para trabajar. Eran largos trozos de tela que se tiraban entre las piernas, se envolvían alrededor de los huesos de la cadera y se ataban por delante. Un atuendo más formal era una falda corta con un taparrabos debajo y una túnica de manga corta con cinturón. Los hombres más ricos podrían permitirse kilts más largos con una trenza a cuadros y potencialmente un flequillo alrededor de los dobladillos. Los hombres también tendían a usar gorras negras para evitar el sol en sus cabezas[14]. Los aristócratas y élites usaban joyas, y a menudo consistían en collares, brazaletes y anillos de oro, todos ellos con gemas incrustadas en su interior. La moda masculina tendía a ser más simple que la femenina y consistía en piezas de tela más largas que el material utilizado para las damas. Sin embargo, los hombres también llevaban la armadura cubierta bajo la sección militar.

---

[14] Rodney Castleden, *Mycenaeans*, p. 70.

La ropa de las mujeres micénicas estaba muy influenciada por la moda minoica. Basándose en el contenido de las tumbas, los arqueólogos creen que la moda femenina no cambió durante más de trescientos años a partir de 1550 a. C. y hasta aproximadamente 1250 a. C. Las mujeres llevaban vestidos largos y con volantes con boleros apretados alrededor del torso. El bolero se cortaba lo suficientemente bajo como para exponer los senos, pero tenía un soporte debajo para empujar el pecho hacia arriba y lograr la silueta curva ideal. Los corpiños eran de manga corta debido al clima mediterráneo y consistían en al menos ocho piezas de tela separadas. Las costuras estaban decoradas y reforzadas con trenzas especialmente tejidas por equipos de mujeres hábiles. Trenzas similares se usaban para formar las cintas de la cabeza.

Las faldas se envolvían alrededor de las caderas y se sujetaban con lazos y nudos. Un cinturón de cuerda alrededor de la cintura era la forma más simple y común de sujetar la tela. Algunas mujeres también llevaban pesas decorativas para sujetar los dobladillos de sus faldas. La base de la falda era un simple trapecio al que se cosían diferentes bandas de telas de colores para formar un patrón superpuesto. Una falda trapezoidal tiene la forma de un trapecio, como se ve abajo. A veces las mujeres lavaban las bandas, las plisaban, cosían los pliegues y dejaban secar la tela. Una vez secas, las puntadas se sacaban y creaban ondas y pliegues permanentes que eran agradables a la vista y tenían un volante extra[15].

---

[15] Rodney Castleden, *Mycenaeans*, p. 72-73.

Faldas de trapecio modernas

Las obras de arte y los artefactos indican que las mujeres se afeitaban la cabeza hasta la pubertad, momento en el que les podían salir mechones. Los peinados dependían de las clases sociales, y las mujeres con pelo más largo tendían a ser más viejas. Muchas mujeres llevaban el pelo en trenzas altas o trenzas en la espalda. Las joyas eran raras para la clase común, pero parecían ser usadas diariamente por las elites. La mayoría de las joyas eran de oro y estaban incrustadas con piedras como la cornalina. Los registros son tenues, ya que la mayoría de la información proviene de los bienes funerarios, que habrían sido los objetos más finos que una persona poseía.

Tanto hombres como mujeres iban descalzos o usaban sandalias de cuero. Sigue existiendo un debate sobre si los aristócratas o las élites usaban chanclas de metal, ya que los frescos a menudo muestran los zapatos como blancos. Otros académicos piensan que el blanco representaba el cuero o tal vez la madera con tela, ya que estos materiales habrían sido más comunes. Sin embargo, lo más probable es que las élites no anduvieran descalzas como las clases más pobres.

Capítulo 3 - Economía y comercio

Las pruebas indican que la economía micénica era premonetaria. En este sistema, la gente no usaba moneda, y el enfoque era más bien la redistribución de los recursos por la administración. Las mercancías como los bienes y el trabajo humano podían ser comercializados y entregados como pago por otros bienes y servicios dependiendo de la calidad del trabajo y la calidad de los productos. Las tabletas en lineal B que se encontraron conservadas en lugares como Pilos y Cnosos demuestran que el palacio, el trono de la administración, era el redistribuidor más importante y que los administradores examinaban de cerca el desarrollo de las industrias y los productos básicos que se cultivaban, fabricaban o importaban. El mejor ejemplo de este control proviene de una de las tabletas de Cnosos. El escribano que escribió sobre uno de estos artefactos llevó un cuidadoso seguimiento del número de ovejas en Creta, que ascendía a unos 80.000 a 100.000 animales, la cantidad de lana que se esperaba de los pastores en la temporada de esquila y cómo se redistribuiría la lana entre los artesanos, los trabajadores e incluso el público en general[16].

---

[16] Stephanie Lynn Budin, *The Ancient Greeks: An Introduction*, New York: Oxford University Press, 2009.

El gran fabricante de lana: Un elemento básico de la economía micénica

Sin embargo, el control palaciego sobre recursos como la lana no era omnipresente. Los palacios y sus administraciones se centraban en las industrias que estaban cerca de la estructura central o que eran producidas por artesanos que vivían y trabajaban en el propio palacio. En particular, los artículos de lujo como el bronce e incluso el perfume se vigilaban de cerca por varias razones. Una, los recursos involucrados eran valiosos y denotaban estatus. Dos, el exceso de producción podía utilizarse para el comercio con otras civilizaciones o incluso entre palacios en transacciones regionales. La cerámica, que se consideraba el trabajo de los esclavos o de los pobres, estaba en su mayor parte sin supervisión, a menos que una de las élites encargara una pieza a medida[17]. Era el trabajo de los pobres porque era una práctica común y también sucia. Se consideraba que requería menos habilidad que algo más raro como la metalurgia, y los materiales eran más toscos y fáciles de obtener. En general, los palacios micénicos también controlaban la producción de alimentos y se podía contar

---

[17] Budin, *The Ancient Greeks*, p. 96.

con ellos para almacenar el exceso de suministros y redistribuirlos como pago por la mano de obra o en tiempos de hambruna. Este sistema se parece a otras sociedades de la Edad de Bronce, como los minoicos, y era la forma más común de gestión de la economía premonetaria.

Debido a que los centros palaciegos eran el corazón de la economía, centraron su gestión de recursos en proyectos diseñados para mantener la civilización en funcionamiento. En particular, las administraciones de asentamientos como Micenas financiaban proyectos elaborados en campos como la agricultura y la industria para garantizar que la población tuviera suficientes alimentos y que la civilización desarrollara suficientes productos manufacturados para la guerra y el comercio. A veces, los centros palaciegos combinaban sus esfuerzos para planificar proyectos que beneficiaran a más de un asentamiento. Los mayores ejemplos tendían a ser de fontanería e irrigación, como el sistema de drenaje establecido en la cuenca de Copais en Beocia o el drenaje de un pantano masivo en el valle del Nemea[18]. Esas obras hicieron que las ciudades fueran más higiénicas y crearon tierras valiosas para la agricultura y la cría de ganado.

Otros sectores importantes de la economía pertenecían a la manufactura en gran escala y a la construcción naval, ambas necesarias para facilitar el comercio. Los micénicos construyeron grandes buques de la Edad de Bronce diseñados para transportar mercancías, pero también funcionaron como buques de guerra en las batallas contra piratas y enemigos en el mar Mediterráneo. Estos barcos necesitaban transportar docenas de hombres, suministros para alimentarlos y los objetos de valor para el comercio. Para acomodarlos, los asentamientos micénicos en la costa construyeron enormes puertos como el de Pilos, que era capaz de albergar numerosas embarcaciones en cualquier momento.

---

[18] Kelder, *The Kingdom of Mycenae*, p. 116.

Los puertos y la industria de la construcción naval que los acompañaba facilitaron el desarrollo de sofisticados centros de fabricación a lo largo de los puertos y en asentamientos capaces de transportar productos acabados a la costa. Complejos de talleres capaces de albergar a cientos de trabajadores y sus equipos fueron descubiertos por los arqueólogos en lugares como Euonymeia, que está cerca de Atenas. El sitio fue descubierto mientras se trabajaba en la estación de metro de Alimos y se descubrieron numerosos objetos como ruedas de alfarería y hornos. El sitio en Euonymeia contenía múltiples instalaciones hidráulicas capaces de producir importantes elementos de construcción naval como velas y cuerdas, incluyendo pozos y conductos de agua necesarios para procesar el lino y hacerlo funcional. Estos centros también podían crear textiles y vajillas que serían comisionadas por miembros de la clase élite o vendidas a otras civilizaciones[19].

La economía premonetaria de los micénicos requería un elaborado sistema de controles y balances, así como registros detallados. Los bienes producidos internamente debían asignarse a la población y al mismo tiempo generar prosperidad para la administración y las élites. Para ello, los micénicos se volcaron al comercio.

Comercio

El comercio era una parte crucial de la economía micénica. El Peloponeso no albergaba una abundancia de materias primas, lo que dificultaba a la civilización la producción de artículos de lujo, armamento de bronce y otros productos terminados por sí sola. Para evitar este problema, los micénicos importaban materias primas de otros asentamientos y civilizaciones y basaban su economía en la

---

[19] William Gilstrap; Day, Peter; Kaza, Konstantina; Kardamaki, Elina, *Pottery Production at the Late Mycenaean Site of Alimos, Attica.* Materials and Industries in the Mycenaean World: Current Approaches to the Study of Materials and Industries in Prehistoric Greece, University of Nottingham, 9-10 May 2013, Nottingham, p. 13-14.

fabricación de productos acabados que luego podían comercializarse en otras regiones.

Algunas importaciones conocidas eran lujos como el marfil y el vidrio, así como los metales en bruto necesarios para producir bronce —el estaño y el cobre. Para adquirir estos productos, los micénicos vendían sus propios recursos domésticos: aceite de oliva, uvas fermentadas en vino, lana de la abundancia de ovejas y cerámica de arcilla estilizada en vasijas para almacenamiento y decoración[20]. Entre el 1600 a. C. y el 1400 a. C., los centros palaciegos dejaron de ser los únicos exportadores de estos bienes a medida que empezaron a aparecer en escena más y más comerciantes independientes. Estos comerciantes provenían de las clases libres y parecían ser una mezcla de las elites y los artesanos ricos.

La evidencia arqueológica apoya la idea de que los griegos micénicos se las arreglaron para comerciar extensamente con las civilizaciones de Anatolia y el Levante. Sus fuertes lazos comerciales llevaron a interacciones con la mayoría de los otros pueblos de la Edad de Bronce de este período, incluyendo los egipcios, asirios, cananeos y casitas[21]. Examinando el mapa de abajo, se puede ver que tiene sentido que los micénicos hayan podido establecer lazos comerciales y culturales con estas civilizaciones. Anatolia estaba en la actual Turquía, mientras que el Levante cubría la mayor parte de Oriente Medio. Dado que los micénicos eran gente de mar que lograron tomar el control del mar Egeo, naturalmente entraron en contacto con los otros grandes pueblos de la Edad de Bronce.

---

[20] Eric H. Cline, *The Oxford Handbook of the Bronze Age Aegean*, Oxford: Oxford University Press, 2012.

[21] Eric H. Cline, "Rethinking Mycenaean International Trade with Egypt and the Near East" in Galaty, M.; Parkinson, W. *Rethinking Mycenaean Palaces II: Revised and Expanded Edition*. Los Angeles: Cotsen Institute of Archaeology, 2007.

El mar Mediterráneo - El mundo comercial de los micénicos

Se descubrieron numerosas mercancías en Chipre, que parecía ser un lugar intermedio entre la Grecia micénica, Anatolia y el Levante[22]. Se encontraron más artefactos aquí que en cualquier otro lugar aparte de los asentamientos micénicos reales. El comercio con las civilizaciones interiores de la Edad de Bronce, sin embargo, parece haber sido limitado. Los micénicos lucharon por transportar mercancías a través de las masas de tierra, lo que significa que grupos como los hititas, que casi no tenían salida al mar, eran difíciles de alcanzar. Otras rutas comerciales muy conocidas se encontraban a lo largo de la costa del mar Negro, también visible en el mapa[23]. Mercancías como espadas han sido encontradas tan lejos como la ubicación de la Georgia contemporánea. Los arqueólogos creen que ese comercio no se realizaba en las rutas terrestres, sino que los micénicos navegaban tan lejos como podían, cruzaban el pequeño puente terrestre disponible o encontraban una ruta acuática alternativa, y luego comerciaban.

Al oeste, los arqueólogos descubrieron productos como la cerámica micénica hasta Sicilia, el sur de Italia continental y las islas Eólicas. Aún más sorprendentes fueron los fragmentos descubiertos en el sur de España, lo que indica el potencial de una ruta comercial

---

[22] Thomas F. Tartaron, *Maritime Networks in the Mycenaean World*, Cambridge: Cambridge University Press, 2013, p. 29.

[23] Cline, "Rethinking Mycenaean International Trade with Egypt and the Near East", p. 196.

también allí. Al norte de los griegos micénicos, se han descubierto algunas cerámicas, ámbar con símbolos de lineal B, e incluso hachas dobles de bronce del siglo XIII a. C. en lugares como Alemania, Irlanda e Inglaterra[24]. Los académicos continúan debatiendo si los micénicos comerciaban directamente con los pueblos de Wessex y Cornualles o si los artefactos viajaban allí a través de intermediarios.

Aunque la economía pudo haber sido premonetaria, está claro que los micénicos todavía comerciaban extensamente con las civilizaciones vecinas de la Edad de Bronce. Importaban materias primas y artículos que no podían fabricar ellos mismos, como el vidrio, y a cambio exportaban productos manufacturados como cerámica y armas de bronce. Aunque queda mucho por descubrir, el cuadro pintado con artefactos desenterrados significa que los griegos micénicos eran poderosos, capaces de mantenerse en el escenario internacional y poseían la tecnología necesaria para viajar por el Mediterráneo y comerciar con seguridad con las civilizaciones vecinas.

¿Pero qué hay de la historia de Micenas? Desafortunadamente, es más fácil para los académicos entender mejor el comercio y la cultura que los hechos reales por las razones explicadas en el siguiente capítulo.

---

[24] Budin, *The Ancient Greeks: An Introduction*, p. 53.

Capítulo 4 - El periodo de las tumbas de cúpula, alrededor de 1600 - 1450 a. C.

Aunque los griegos micénicos poseían una escritura silábica llamada lineal B, no se sabe mucho sobre los acontecimientos, los individuos específicos o incluso las guerras a gran escala. Los documentos con escritura frecuentemente no sobrevivían a las vicisitudes del tiempo, si es que siquiera se conservaban. La mayoría de las civilizaciones de la Edad de Bronce registraron información en tablillas hechas de arcilla húmeda. Mientras que algunos documentos de arcilla se conservaban endureciendo el material sobre fuego, la mayoría se limpiaban y las tablillas se reutilizaban. Así que los arqueólogos, académicos e historiadores necesitan recurrir a fuentes no textuales para reunir información. Para los primeros griegos micénicos, la mejor fuente son las tumbas.

El primer período conocido de la civilización micénica se llamó el periodo de las tumbas de cúpula, que duró desde aproximadamente el 1600 a. C. hasta el 1450 a. C. Durante sus primeras etapas, la civilización micénica estuvo fuertemente influenciada por los minoicos, un grupo rival en el Mediterráneo que vivía en islas como

Creta y Thera. Tanto los micénicos como los minoicos fueron culturas que influenciaron a los antiguos griegos posteriores, que formarían la base de lo que ahora se conoce como civilización griega.

Durante el 1600 a. C., los micénicos comenzaron a desarrollar sofisticados centros de poder en el Peloponeso y crearon una serie de asentamientos que podían comerciar y defenderse unos a otros. Los micénicos experimentaron además un auge de población que permitió la creación de la sociedad de élite guerrera micénica por la que se hizo famosa[25]. En esta época, los micénicos comenzaron a desarrollar estructuras llamadas *megarones*, grandes salones rectangulares sostenidos por cuatro columnas que formaban la base de los palacios micénicos, así como fortificaciones que se convertirían en los palacios de los siglos posteriores[26]. Las murallas defensivas comenzaron a construirse alrededor de la misma época que los *megarones*, lo que indica el deseo micénico de mantenerse separado de las docenas de otros grupos que habitaban la península griega.

Los cimientos de un *Megarón* fuera de Micenas

---

[25] Louise Schofield, *The Mycenaeans*, Los Angeles: J. Paul Getty Museum, 2006.

[26] Richard T. Neer, *Greek Art and Archaeology: A New History, c. 2500-c. 150 BCE*, New York.

Alrededor del periodo de las tumbas de cúpulas, los micénicos se reunieron lentamente y establecieron rutas comerciales y relaciones diplomáticas con las civilizaciones vecinas. En particular, formaron relaciones duraderas con las cercanas civilizaciones minoica y cicládica. Los micénicos no conocían bien al pueblo cicládico, pero tenían algo de comercio. Los minoicos fueron el principal socio comercial de los micénicos. Los micénicos incluso adoptaron numerosas prácticas artísticas y arquitectónicas micénicas, e incluso podrían haber tomado y adaptado el lenguaje escrito para satisfacer sus propias necesidades, lo que constituiría la transformación potencial del lineal A al lineal B. Las pruebas de la profunda relación entre los micénicos y los minoicos proceden de la representación de los micénicos en un fresco minoico en la isla de Akrotiri, así como de la presencia de cerámica de cada civilización que se encuentra en el territorio de la otra.

Fuera de la civilización cicládica y de los minoicos, los micénicos comenzaron a exportar su cerámica y otros bienes a través del mar Mediterráneo. Se han encontrado artefactos y restos de objetos como vasijas y jarros hasta la costa occidental de Asia Menor, con algunos sitios clave como el Líbano, Egipto, Palestina, Troya, Chipre y Mileto. Lamentablemente, los historiadores no pueden reconstruir muchos de los acontecimientos reales que ocurrieron durante este período debido a la falta de historias o registros escritos.

Como no se conoce mucha historia, los arqueólogos e historiadores definen este período basándose en las prácticas mortuorias. Los académicos contemporáneos tienen acceso a una gran cantidad de tumbas por las que este periodo se ganó su nombre. Una tumba de cúpula es una forma distinta de estructura funeraria que está parcialmente sumergida en el suelo y tiende a tener un suelo de guijarros y un techo de listones de madera, con múltiples personas enterradas en las dos o tres habitaciones creadas. Estas tumbas de cúpula eran la forma de entierro más común para las élites de la sociedad y solían incluir numerosos artículos y objetos de lujo que se conservaron durante milenios. Estos artículos dan pistas intrincadas sobre cómo vivían los micénicos y el desarrollo de la arquitectura, el arte y la sociedad en general. No está claro lo que le sucedió a los micénicos comunes, pero podrían haber sido enterrados en tumbas menores que no se preservaron.

Las elites micénicas fueron enterradas en tumbas de cúpula con objetos distintivos que demostraban los roles de género, la riqueza de la civilización y la formación general de una clase noble más rica. Los arqueólogos descubrieron los cuerpos de hombres micénicos adornados con máscaras y armaduras de oro, mientras que las mujeres llevaban coronas y ropas de oro con joyas y ornamentos[27]. Las tumbas de cúpula real fueron descubiertas fuera de la acrópolis de Micenas, lo que significó el surgimiento de la dinastía real de habla griega que daría forma permanente a la cultura micénica y la convertiría en la potencia económica marítima que permaneció hasta el colapso de la Edad de Bronce tardía[28]. La prosperidad de la civilización es especialmente obvia debido a la presencia de máscaras funerarias de oro sólido. Tal vez los sitios arqueológicos más importantes para este período de tiempo serían los Círculos de Tumbas A y B, que son aquellos sitios fuera de Micenas.

---

[27] Schofield, 2006, pg. 32

[28] Oliver Dickinson, *The Origins of Mycenaean Civilization*, Götenberg: Paul Aströms Förlag, 1977.

Una máscara funeraria de oro

Hacia el final del periodo de las tumbas de cúpula, alrededor del 1500 a. C., la élite micénica comenzó a ser enterrada en imponentes estructuras llamadas *tholos*, o tumbas de colmena. Estas eran más grandes, hechas de piedra, y tenían techos abovedados. Los *tholos* representan un enigma para los arqueólogos porque es difícil saber si pertenecían únicamente a la élite y los plebeyos en cambio eran enterrados en tumbas comunales, ya que hay algunas tumbas que tienen numerosos cuerpos, lo que indica que podrían haber sido comunales. Hay pruebas de que facciones políticas o militares rivales intentaron construir los más grandes tholos en un intento de superarse unos a otros en el juego de los entierros conspicuos. El más famoso de estos *tholos* es el Tesoro de Atreus, también llamado la Tumba de Agamenón en honor al famoso héroe mítico griego. El Tesoro de Atreus fue quizás la tumba micénica más impresionante de este período y demostró la prosperidad de la civilización hacia el final de la era de las tumbas de cúpula. No solo era una de las tumbas más grandes, sino que también poseía algunos de los mayores tesoros de oro jamás registrados en la historia del descubrimiento arqueológico micénico.

Sección transversal del Tesoro de Atreus

Capítulo 5 – El periodo Koiné, aprox. 1450 - 1250 a. C.

El periodo Koiné, aprox. 1450-1250 a. C., fue cuando los micénicos comenzaron a ganar más poder en el mar Egeo gracias a la erupción de Thera. Thera era un conjunto de islas habitadas por los minoicos que formaban una caldera. Cuando entró en erupción, la fuerza envió una serie de terremotos y maremotos a través del mar, destruyendo numerosos asentamientos minoicos hacia 1500 a. C., enviando a la civilización minoica a la decadencia. Esto permitió a la flota micénica acceder a nuevas rutas comerciales y dirigir su atención a la dominación de los minoicos, que poseían valiosos recursos, puertos y relaciones comerciales con otras civilizaciones.

Alrededor de 1450 a. C., los micénicos tomaron el control de la capital minoica en Creta y conquistaron numerosas islas hasta Rodas[29]. Con los minoicos incapacitados, los micénicos se habrían convertido en la potencia dominante en el mar Egeo, apoyados por su cultura militar y uniforme en la Grecia continental. Esto se convertiría en la era dorada de los micénicos debido a su poder y desarrollo durante los dos siglos siguientes. Con el control del Egeo, la civilización estaba

---

[29] Schofield, p. 71-72.

en una posición ventajosa para comerciar con otros, especialmente con las sociedades de Asia Menor (la costa occidental de Anatolia que se ve abajo). La ubicación del mar Egeo con respecto al Peloponeso y al resto del Mediterráneo se incluye aquí, con el mar marcado en azul.

El territorio de los micénicos

Alrededor del siglo XIV a. C., los micénicos comenzaron a comerciar con nuevas civilizaciones llenando los huecos dejados por los minoicos. Algunas de las rutas más lejanas fueron a Apulia en Italia, asentamientos más pequeños en España, Amman en el Cercano Oriente y Chipre. Algunos de los estados palaciegos establecieron nuevas ciudades en estas áreas, incluyendo en Mileto en 1450 a. C. Mileto permitió a los micénicos acercarse a los hititas, con los que los micénicos tenían una relación complicada.

Alrededor del 1400 a. C., los micénicos comenzaron a construir sus impresionantes estructuras palaciegas y sus edificios y fortificaciones *megarones*. Aparecieron murallas ciclópeas alrededor de Micenas y Tirios, mientras que los cimientos de los palacios se erigieron en Tebas, Atenas, Midea, Pilos e Iolcos en Tesalia. Alrededor de este período, la antigua capital minoica de Cnosos en Creta se convirtió en un nuevo complejo micénico, ya que los micénicos construyeron un nuevo salón del trono y cambiaron la arquitectura. Los centros palaciegos se complicaron y se convirtieron en una sofisticada burocracia por la misma época, mientras que los asentamientos demostraron una mayor unidad cultural y social[30]. Se crearon oficinas especiales para supervisar las industrias y el comercio, y este es también el período de tiempo en el que los *wanax* aparecieron como una posición en su sociedad.

La participación con los hititas

Durante el periodo Koiné, los micénicos parecían tener el mayor contacto con los hititas. Los hititas fueron otra civilización de la Edad de Bronce que vivió en Anatolia, una región del Cercano Oriente. En los registros hititas, un grupo llamado *Ahhiyawa* (*Ahhiyawa* era una traducción de la palabra Achaeans, que los micénicos a veces usaban para ellos mismos) aparece entre los años 1400 a. C. y 1220 a. C. Estos documentos son algunas de las mejores fuentes para la participación de Micenas en Anatolia y áreas cercanas debido a la gran abundancia de materiales. Los arqueólogos descubrieron que un edificio entero de tablillas de arcilla —el método preferido de escritura— se conservó cuando el edificio se incendió. El calor endureció la arcilla, manteniendo los registros intactos.

Alrededor del periodo Koiné, los micénicos tenían relaciones diplomáticas con los hititas, pero también parecían chocar con ellos en el campo de batalla. Los micénicos interfirieron repetidamente en los asuntos de los reinos de Anatolia, incluso apoyando rebeliones anti-hititas y levantamientos en asentamientos y estados vasallos[31]. Esto a menudo dejaba a micénicos e hititas en desacuerdo, y parecía haber varios conflictos que llevaban al combate.

---

[30] Kelder, *The Kingdom of Mycenae: A Great Kingdom in the Late Bronze Age Aegean*, p. 11.

[31] Kelder, *The Kingdom of Mycenae: A Great Kingdom in the Late Bronze Age Aegean*, p. 23.

Los registros hititas indican que un *wanax* micénico, escrito en la lengua hitita como Attarsiya, atacó varios estados vasallos en Anatolia occidental. Algunos historiadores creen que Attarsiya era una traducción de Atreus, que fue un héroe mitológico griego y el fundador de una familia heroica. Los conflictos entre los hititas y los *wanax* micénicos continuaron ocurriendo con un acontecimiento notable que tuvo lugar en 1315 a. C. cuando los micénicos respaldaron un levantamiento en uno de los estados vasallos hititas. Hacia 1260 a. C., el rey micénico fue reconocido como igual a los otros líderes de la Edad de Bronce cerca del Mediterráneo, incluyendo a los hititas, los egipcios, los babilonios y los asirios[32]. En este período, los micénicos apoyaron otra revuelta del estado vasallo, esta vez liderada por un líder llamado Piyama-Radu. Los micénicos parecían aprovecharse de los disturbios dondequiera que ocurrieran y continuaron tomando la isla de Lesbos de Piyama-Radu cuando empezó a perder poder[33].

Los historiadores también creen que los conflictos entre los hititas y los micénicos condujeron al conflicto conocido por los griegos como la Guerra de Troya[34]. En algún momento, los hititas atacaron y sitiaron Troya, que figuraba bajo el nombre de *Wilusa* en los registros hititas. A diferencia del mito, no se mencionan caballos de madera gigantes, y la guerra llegó a su fin cuando los reyes intercambiaron correspondencia para crear un tratado que pusiera fin al conflicto.

---

[32] Kelder, *The Kingdom of Mycenae*, p. 119-120.

[33] Kelder, *The Kingdom of Mycenae*, p. 27.

[34] Trevor Bryce, *The Kingdom of the Hittites* (New ed.), Oxford: Oxford University Press, 2005, p. 361.

Capítulo 6 - El colapso, alrededor de 1250 - 1100 a. C.

Sin embargo, su poder no podía durar. Aunque los micénicos se aseguraron una posición favorable entre 1450 y 1250 a. C., se vislumbraban problemas en el horizonte. Lo que se avecinaba era una fuerza misteriosa que diezmó súbita y completamente muchas de las civilizaciones de la Edad de Bronce en Europa, Asia y el norte de África. Este fue el colapso de la Edad de Bronce tardía, un evento desastroso cuyas causas exactas se desconocen. A pesar de las numerosas ventajas, los micénicos serían incapaces de mantener su posición en el Mediterráneo con la llegada de lo desconocido.

Declive y resurgimiento

El declive de los micénicos puede entenderse mejor como una serie de olas que se fueron acumulando a lo largo de un siglo y medio y que lentamente causaron destrucción. La primera ola golpeó alrededor de 1250 a. C., cuando una serie de misteriosos desastres golpearon influyentes estados palaciegos. Tebas y Orcómeno se quemaron hasta los cimientos, mientras que importantes fortificaciones beocias como Gla fueron abandonadas y dejadas vacías. En Micenas, la ciudadela principal fue asediada y quemada, resultando en una expansión de las fortificaciones de piedra existentes. Algunos estados construyeron pasadizos subterráneos masivos para permitir el escape y las conexiones con las cisternas subterráneas, lo que indica que se produjo o se temía algún tipo de ataque masivo. Centros como Atenas, Midea y Tirinto eligieron construir aún más muros ciclópeos mientras Micenas duplicaba el tamaño de su ciudadela antes de que se quemara[35].

Después de una década de infortunio, la situación se equilibró, y los micénicos pudieron reanudar su forma de vida. La cultura floreció, y el pueblo volvió a prestar atención a acosar a los hititas, que parecían ser el principal enemigo de los micénicos. Alrededor de 1220 a. C., los micénicos apoyaron una vez más una rebelión del estado vasallo y también atacaron a Asiria a través de un embargo. Sin embargo, esas acciones podrían haber sido el resultado de una grave disminución del comercio en todo el Mediterráneo[36]. Los estados fueron incapaces de mantener un trasfondo político sólido que condujo a disturbios civiles y a ejércitos revoltosos. Otras civilizaciones que experimentaron dificultades fueron los mencionados hititas y asirios, así como los egipcios y los babilonios. Hacia 1190 a. C., un barril de pólvora esperando una sola chispa encendió y destruyó el vibrante estilo de vida mediterráneo.

El colapso final

Nadie está seguro de lo que desencadenó la segunda ola de destrucción que golpeó a Micenas en 1190 a. C. y envió ondas de choque a través del resto de los estados palaciegos. Todas las pruebas arqueológicas muestran que la ciudad fue destruida en su mayor parte y finalmente reocupada con una fracción de su población original[37]. Algo sucedió que mató a una gran parte de los micénicos, resultando en caos y desorden. En 1180 a. C., Pilos fue la siguiente, dejando

---

[35] Castleden, *Mycenaeans*, p. 219.

[36] Tartaron, *Maritime Networks in the Mycenaean World*.

[37] Cline, *1177 B.C. The Year Civilization Collapsed.*

atrás una serie de tablillas de arcilla endurecida con inscripciones en lineal B. Estas tablillas incluyen referencias a preparaciones de defensa apresuradas que finalmente no llevaron a ninguna parte. No se da ninguna información sobre quién podría haber sido la fuerza atacante, y el palacio fue destruido en un incendio masivo[38].

Los refugiados huyeron de múltiples secciones de la Grecia continental e inmigraron a nuevas áreas. Las zonas más afectadas, incluida Beocia, experimentaron dramáticas disminuciones de población debido a una combinación de altas tasas de mortalidad y familias que huían. Muchos micénicos se dirigieron a Chipre y a la costa levantina, lo que pareció haber evitado la destrucción. Extrañamente, no todos los estados palaciegos fueron afectados por el desastre. Algunos, como Atenas, permanecieron intactos y se convirtieron en una de las ciudades-estado griegas más famosas de la historia. Las islas del Egeo también prosperaron, pero solo por un corto período de tiempo antes de la llegada de la Edad Media griega.

¿Qué causó el colapso?

Aunque el primer instinto de mucha gente es adivinar que los micénicos fueron presa de los ataques de otra civilización o de hordas de merodeadores, los académicos no están tan seguros. Muchos creen que algo importante tenía que ocurrir para debilitar el poder de los estados palaciegos antes de que un asalto contra cualquiera de los grandes asentamientos tuviera éxito. La vía más probable de decadencia de los estados palaciegos era el debilitamiento del sistema palaciego, la administración que mantenía el mundo en funcionamiento. Esto podría haber ocurrido a través de un movimiento de población o alguna forma de conflicto interno.

---

[38] Freeman, *Egypt, Greece and Rome: Civilizations of the Ancient Mediterranean* (3rd ed.).

En la primera teoría, se produjo un movimiento de población porque los micénicos se vieron amenazados por un grupo griego nativo rival llamado los dorios. Esta idea, llamada la invasión dórica, se apoya en una amplia gama de pruebas arqueológicas. Hacia el final de la época micénica en el poder (1200-1100 a. C.), aparecieron nuevos tipos de entierros en el territorio de la civilización, incluyendo algo llamado tumba de cista. Una cista es un tipo de caja de piedra, similar a un ataúd, utilizado para almacenar múltiples cadáveres. Se sellaban y podían estar sobre o bajo tierra. Las tumbas de cista no fueron utilizadas por los micénicos, lo que indica que un nuevo grupo estaba invadiendo los estados palaciegos. Al mismo tiempo que aparecieron las nuevas tumbas, un nuevo dialecto griego, llamado dórico, comenzó a aparecer en los registros que se conservan, y un estilo de cerámica llamado "Cerámica Bárbara" se mezcló con fragmentos de cerámica micénica tradicional.

Según la hipótesis de la invasión dórica, los dóricos eran del norte de Grecia continental y comenzaron a dirigirse al sur. Su migración resultó en la devastación de las fronteras territoriales micénicas, ya que los dóricos no eran un grupo amistoso[39]. A medida que viajaban, arrasaban y quemaban asentamientos y se apoderaban de tierras de cultivo y otros valiosos recursos naturales. Con el tiempo, invadieron los asentamientos de Micenas y Pilos, entre otros.

La hipótesis de la invasión dórica está en desacuerdo con otra idea predominante, que es que los micénicos fueron una de las numerosas víctimas de los pueblos del mar. Los pueblos del mar son una de las fuerzas más misteriosas de la historia antigua porque nadie está seguro de quiénes fueron. Los pueblos del mar vinieron del mar Mediterráneo y devastaron muchas de las civilizaciones a lo largo de sus costas orientales, incluyendo Egipto. Muchos pueblos de Anatolia y el Levante desaparecieron, incapaces de luchar contra la marea de

---

[39] George Emmanuel Mylonas, *Mycenae and the Mycenaean Age*. Princeton, NJ: Princeton University Press, 1966, p. 231-232.

guerreros bárbaros que venían del agua. En los registros hititas, los micénicos suelen estar asociados con los pueblos del mar, potencialmente por las similitudes de los grupos étnicos[40]. Según algunos académicos, esta asociación significa que algunos de los pueblos del mar eran los dorios que buscaban expandir sus fronteras. Otros creen que los dóricos no eran el verdadero problema, y que eran los pueblos del mar todo el tiempo.

Otro escenario potencial es que los micénicos se destruyeron a sí mismos a través de guerras internas y rebeliones. Si los disturbios civiles eran lo suficientemente grandes en varios estados palaciegos, entonces la administración del palacio ya no sería efectiva. Esta teoría viene de dos formas. En la primera, los estados palaciegos luchaban entre sí por el territorio, los recursos y otras disputas. En esta teoría, la responsabilidad de la destrucción recae en la clase de guerreros de élite, ya que son los que tienen más poder. En la segunda, una clase libre inferior insatisfecha se cansó del estricto sistema jerárquico y se rebeló contra el *wanax* y su administración[41]. En cualquier caso, todo lo que quedaba de los otrora prósperos griegos micénicos eran asentamientos empobrecidos que carecían de un comercio y una cultura sofisticados.

Una última teoría es que los factores naturales perturbaron la agricultura y el comercio, causando rebeliones o facilitando que los enemigos invadieran los estados palaciegos. Algunos de los eventos más comúnmente hipotéticos son el cambio climático, las sequías que destruyen las cosechas y los terremotos de los volcanes cercanos. Después de todo, lo más probable es que los minoicos fueran devastados por las réplicas de una erupción, por lo que parece lógico que los micénicos hubieran sufrido un destino similar[42].

---

[40] Robert Drews, *The End of the Bronze Age*, Princeton: Princeton University Press, 1993, p. 49.

[41] Tartaron, *Maritime Networks in the Mycenaean World*, p. 19.

[42] Ibíd.

Sea cual sea el caso, en el 1100 a. C., la Grecia micénica estaba en su fin. Aunque parte de la población todavía existía, la estructura política y el modo de vida micénicos habían dado paso a la pobreza, al comercio deficiente, a la poca conexión social y al surgimiento de nuevos sistemas culturales como los griegos dóricos. Pero, aunque desaparecieron, los micénicos no fueron olvidados. Durante la Edad Oscura griega, que tuvo lugar entre los años 1100 y 800 a. C., la cultura micénica continuó existiendo y se difundió de alguna forma. Tomaría nuevas ideas, se adaptaría y evolucionaría a lo largo de los siglos, convirtiéndose eventualmente en la cultura dominante de una de las civilizaciones más famosas de la historia —los antiguos griegos.

Capítulo 7 - Los precursores de la religión griega

El culto religioso entre los griegos micénicos se basaba en centros de culto más que en la religión organizada. Se han desenterrado estatuillas que podrían haber sido ofrendas, dando crédito a la idea de que podrían haber desarrollado santuarios en Filakopí, Delfos, Abae, Delos y otros lugares. Aunque existían múltiples deidades, los micénicos tendían a centrarse en dioses individuales en diferentes centros urbanos y rurales. La mayoría de las deidades poseían sus propios sitios religiosos que podían estar en edificios, palacios, o características geográficas naturales como cuevas. Algunos sitios de culto importantes eran lugares como Lerna, que parecía ser una casa santuario con un templo, un altar al aire libre, una imagen de la deidad, y algunos artefactos religiosos que podrían haber sido utilizados en ceremonias y sacrificios. También hay evidencia de animales que han sido sacrificados. Algunos académicos especulan si los humanos podrían haber sido sometidos al cuchillo también, una práctica común entre las civilizaciones de la Edad de Bronce, pero no hay mucho que apoye esta teoría.

A pesar de que los arqueólogos creen que tienen evidencia de culto, identificar elementos religiosos de los griegos micénicos no es una tarea fácil. Debido a que no hay evidencia de una religión central organizada, es difícil elegir los sitios de culto y las deidades individuales. Como el lineal B se usaba con moderación y los griegos micénicos interactuaban con otros grupos como los minoicos, la religión micénica sin duda infundió elementos de otras prácticas en su propio culto. Esto hace que sea difícil determinar qué ideas eran micénicas y cuáles provenían de otras culturas. Las prácticas religiosas específicas también son difíciles de descifrar porque no hay registros, y todo lo que los académicos pueden extrapolar provienen un puñado de artefactos como estatuillas, cuchillos y cerámica.

Otra fuente de controversia es si los griegos micénicos fueron los creadores de la famosa religión griega antigua. Algunos historiadores insisten en que los micénicos desarrollaron la mayoría de las deidades que se encuentran en el antiguo panteón griego, incluso si los conceptos y relaciones cambiaron durante la Edad Media griega. Otros, como Sir Moses I. Finley, insisten en que Micenas tuvo poca o ninguna influencia en los antiguos griegos. Uno de los mayores debates sigue siendo sobre el mundo representado en las obras del poeta Homero. Algunos creen que las epopeyas reflejaban la cultura micénica y también su religión, mientras que otros advierten que no se debe dar demasiado significado al texto. Sea como fuere, hay pruebas de que la religión de los griegos micénicos fue el origen genuino de la futura religión griega, con numerosas deidades que aparecieron por primera vez entre 1600 y 1100 a. C.

Las deidades micénicas

Las tres deidades primarias que ocupaban lugares de privilegio en la religión de los griegos micénicos eran Poseidón, Deméter y Perséfone. En documentos antiguos inscritos con texto en lineal B, el trío se puede encontrar referido como las "dos reinas y un rey", o *wa-*

na-ssoi y *wa-na-ka-te*[43]. Poseidón, escrito como *Po-se-da-o*, parecía tener alguna asociación con la posición del *wanax*. Es lo que se conoce como una deidad ctónica, o un dios asociado con el mundo subterráneo bajo la tierra. Este término también puede ser traducido como sobrenatural o relacionado con el inframundo. En el caso de Poseidón, parecía estar conectado a los terremotos y se le hizo referencia usando la denominación *E-ne-si-da-o-ne*, o Agitador de la Tierra. También podría haber representado el espíritu del río del inframundo que dividía los reinos de los vivos y los muertos[44].

A menudo en asociación con Poseidón había referencias a múltiples damas o a una sola dama o amante con el título *Po-ti-ni-ja*, que literalmente se traduce como "dama". Estas inscripciones provienen principalmente de tabletas descubiertas en Pilos, y ella puede o no haber tenido un santuario significativo en el sitio de Pakijanes en la región[45]. Algunos arqueólogos observan similitudes entre *Po-ti-ni-ja* y la "señora del laberinto" minoica de Creta. Ambas mujeres parecían tener un papel de importancia monumental en sus respectivas religiones, pero hay poca información sobre sus identidades. Algunos historiadores creen que la *Po-ti-ni-ja* es Deméter o su hija Perséfone.

Deméter y Perséfone son, según todos los informes, dos de las más antiguas deidades griegas con rituales de iniciación especiales que se celebran cada año, llamados los misterios eleusinos. Múltiples registros indican que las dos diosas eran de origen micénico. En la cultura griega, a menudo se les llamaba "las dos diosas" o "las amantes", lo que demuestra su prominencia y naturaleza reconocible. Las inscripciones del lineal B descubiertas en Pilos se refieren a dos

---

[43] Mylonas, *Mycenae and the Mycenaean Age*, p. 159.

[44] Nilsson, *Greek Popular Religion*.

[45] Mylonas, *Mycenae and the Mycenaean Age*, p. 159.

diosas conectadas llamadas *Pe-re-swa* y *Si-to-po-ti-ni-ja*[46]. Mientras que *Pe-re-swa* se asocia con Perséfone, *Si-to-po-ti-ni-ja* era una diosa agrícola con un nombre basado en la palabra *sito*, o trigo. Se ha establecido una conexión con Deméter, que era la diosa de la cosecha con el título de culto *Sito*.

Los famosos misterios eleusinos de la antigua cultura griega se originaron durante el período micénico, alrededor del 1500 a. C. Los rituales parecen haberse basado en un antiguo culto griego a la vegetación diseñado para obtener buenas cosechas y puede que hubieran robado algunos elementos de los minoicos cercanos. Como el culto comenzó como uno privado, lo que significa que no había ningún reconocimiento u organización estatal palaciega, quedan pocos registros sobre sus prácticas. Sin embargo, se pueden encontrar similitudes entre los fundadores de los misterios eleusinos y el culto de Despoina. Los historiadores creen que el culto de Despoina adoraba una forma temprana de Perséfone. La documentación de Despoina proviene de Arcadia, una región del Peloponeso griego, donde hay registros adecuados de los primitivos mitos arcádicos que apoyan la existencia de figuras que se asemejan a Poseidón, Deméter y Perséfone.

En los mitos arcádicos, que son anteriores a los mitos micénicos, Poseidón era el espíritu del río del inframundo que perseguía a Deméter a caballo. Deméter se convirtió en una yegua y finalmente tuvo dos hijos: un caballo macho llamado Arión y una hija llamada Despoina con la cabeza o el cuerpo de una yegua. Esta historia dio lugar a múltiples opciones artísticas en reliquias religiosas e ídolos, incluyendo estatuas con cabezas de animales de Deméter, Despoina y otras deidades en toda Arcadia. Los frescos micénicos de 1400 a. C. continuaron esta tradición, mostrando individuos con máscaras de animales en algún tipo de procesión o fiesta. Sus joyas también

---

[46] John Chadwick, *The Mycenaean World,* Cambridge: Cambridge University Press, 1976, p. 95.

presentan estas máscaras de animales o humanos medio animales, como un anillo de oro descubierto en Tirinto que muestra una procesión de demonios que no son del todo humanos o animales[47]. Algunos historiadores tienen la hipótesis de que esta tradición micénica se trasplantó al mundo de los antiguos griegos a través del mito del Minotauro, aunque otros argumentan que el Minotauro es más una creación minoica. Sea cual sea el caso, Deméter y Despoina estaban fuertemente asociados con los manantiales, los animales y la vida vegetal, mientras que a Poseidón se le dio lo subterráneo y el agua. Incluso aparece una forma primitiva de Artemisa, que se conoce con el título de "amante de los animales". Es generalmente aceptado que ella podría haber sido la primera ninfa, que es un espíritu que estaba ligado a un árbol, planta o cuerpo de agua específico.

Hilas y las Ninfas, por John William Waterhouse, 1896

---

[47] Martin Persson Nilsson, *Geschichte der Griechischen Religion* (3rd ed.), Munich: C.H. Beck Verlag, 1967, p. 293.

En la tradición arcádica, y aún en la época de los griegos micénicos, Artemisa era la hija de Deméter y quizás la diosa más popular de la Grecia continental[48]. Su nombre estaba escrito como *A-te-mi-to* o *A-ti-mi-te* en lineal B. Algunos académicos tienen la hipótesis de que se basaba en la Britomartis minoica, que era una diosa representada por dos leones en numerosos artefactos de oro tomados de lugares como Creta. Alrededor de Esparta, los arqueólogos descubrieron máscaras de madera hechas para parecerse a los rostros humanos que se habrían usado durante los rituales del culto a la vegetación. Estas máscaras se remontan a la época de los micénicos, lo que indica que Artemisa estaba conectada a Deméter incluso entonces. Artemisa también puede haber estado relacionada con un "culto al árbol" minoico, famoso por sus orgías y bailes salvajes y extáticos[49].

Otras deidades micénicas eran Peán (*Pa-ja-wo*) y Atenea (*A-ta-na*). Peán era la personificación de una canción que podía curar a los pacientes que padecían diversas enfermedades y dolencias, lo que le convirtió quizás en el primer médico mítico griego. Con el tiempo, Peán comenzó a representar la canción de la victoria, así como a los magos en general, y se cree que podría tener vínculos con Apolo. El nombre de Atenea aparece en las inscripciones de lineal B de Cnosos y parece haber sido la diosa del palacio, así como la diosa de la guerra. Ella fue representada llevando un escudo de la figura de ocho y a veces tenía su nombre escrito como *A-ta-na po-ti-ni-ja*, o Señora Atenea. Los historiadores han notado la conexión entre estos textos y cómo Atenea es referida como la Señora Atenea en las obras homéricas[50].

---

[48] Pausanias, *Description of Greece*, VIII-37.6.

[49] Nilsson, Martin Persson, *Geschichte der Griechischen Religion*, p. 281.

[50] Chadwick, *The Mycenaean World*. Cambridge: Cambridge University Press, p. 88.

Mientras tanto, los arqueólogos e historiadores siguen estableciendo correlaciones entre los nombres y las figuras encontradas en las tablillas de lineal B y otros miembros del antiguo panteón griego. En la última década, los académicos creen haber encontrado referencias a Zeus, Hera, Ares, Hermes, Hefesto, y más dioses menores como Erinya y Eileithyia. Hefesto puede ser el micénico *A-pa-i-ti-jo*, pero su esposa, Afrodita, está ausente en los textos. El famoso epíteto de Hera, "ojos de vaca", aparece en los documentos como *Qo-wi-ja*, por lo que los historiadores creen que ella también podría haber estado entre el panteón micénico[51]. Se la menciona a menudo con su marido, aunque no con mucho detalle.

---

[51] Chadwick, *The Mycenaean World*. Cambridge: Cambridge University Press, p. 95.

Capítulo 8 - Arte y arquitectura

Aunque mucha gente piensa en los antiguos griegos o romanos cuando imaginan una arquitectura o infraestructura impresionante, los micénicos fueron en realidad una de las primeras civilizaciones en desarrollar una amplia red de carreteras y fontanería de ciudades. Por ejemplo, su proyecto más famoso fue la serie de caminos que cruzaban el Peloponeso, facilitando el despliegue de tropas y la protección de varios asentamientos[52]. Una enorme muralla defensiva también protegía el Istmo de Corinto y otras zonas más débiles, lo que indicaba que la civilización no solo tenía la tecnología para defenderse, sino también una razón para hacerlo.

Los griegos micénicos desarrollaron su propio arte y arquitectura, pero se inspiraron en los minoicos y otros grupos étnicos griegos que vivían en el continente. En términos de arte, la civilización dejó atrás hermosos ejemplos de trabajos en metal, frescos y cerámica que proporcionan una visión de las tecnologías disponibles de la época y lo que los micénicos consideraban hermoso o digno de pintar. La arquitectura ofrece una información similar, pero también puede

---

[52] Kelder, *The Kingdom of Mycenae,* p. 116.

indicar dónde se ubicaban los centros de poder y cuán defensivos debían ser los micénicos.

Palacios y viviendas promedio

Los palacios eran la pieza más significativa de la arquitectura de los estados palaciegos ya que eran el hogar de la administración. La ubicación geográfica del palacio tendía a variar en función del terreno en cada estado, pero la estructura siempre se construía en algún lugar central, pero con barreras defensivas naturales. Por ejemplo, los palacios de Micenas, Pilos y Tirinto, tres de los sitios mejor conservados, se encuentran en las cumbres de las colinas o en los afloramientos rocosos con espacio para construir el resto del asentamiento a su alrededor[53]. Los arqueólogos conocen una gran cantidad de información sobre los palacios porque la mayoría de ellos han sido descubiertos. En la Grecia central, las estructuras palaciegas de Tebas y Orcómeno están parcialmente descubiertas, mientras que el palacio construido en la Acrópolis de Atenas se ha desgastado hasta casi desaparecer.

Los palacios poseían algunas características similares sin importar el estado en que fueron construidos. El punto focal era siempre el *megarón*, que se usaba como salón del trono. Este cuarto poseía un hogar circular rodeado por cuatro columnas que sostenían el pesado techo. Los tronos estaban a la derecha de la entrada, mientras que muchas de las otras paredes estaban cubiertas de ricas decoraciones para demostrar la riqueza de la administración y la familia gobernante. Para llegar al *megarón*, los visitantes debían pasar por un patio al que se podía acceder a través de un *propileo*, que es esencialmente una entrada con puerta abierta. A continuación, se incluye un ejemplo.

---

[53] Fields, *Mycenaean Citadels c. 1350-1200 BC* (3rd ed.), p. 19.

Propileo

A lo largo de los estados palaciegos, los palacios compartían numerosos estilos de pintura e iconografía. Las imágenes marinas eran populares, incluyendo representaciones de delfines, pulpos y peces. Alrededor del *megarón* había numerosos patios abiertos que daban lugar a habitaciones como almacenes, viviendas y talleres. Algunos palacios poseían también salas de recepción o de saludo. Los palacios podían tener dos pisos, y los arqueólogos creen que las habitaciones de la familia real estaban arriba y lejos del ajetreo de la vida.

Los arqueólogos e historiadores saben menos sobre el asentamiento doméstico estándar que sobre los palacios. Sin embargo, se cree que tales estructuras eran edificios de un solo nivel hechos de ladrillos de barro de varios tamaños. Los techos estaban hechos de tordos, heno y a veces de madera, y los animales parecen haber sido mantenidos ya sea en un patio cerrado, un patio, o a veces incluso en la casa.

Metalurgia

La mayoría de los ejemplos de metalistería micénica provienen de los objetos de entierro tomados de los círculos de tumbas A y B cerca de Micenas. Los griegos micénicos tendían a hacer piezas de metal más pequeñas con materiales preciosos y guardaban el bronce para usar en armas y herramientas. Algunos tipos de metal incluyen copas, anillos de sello, joyas, broches y máscaras funerarias. Ejemplos famosos de estos artículos son la máscara de Agamenón, la copa de Néstor, el anillo de Teseo y el ritón de asedio de plata. Los artesanos especializados probablemente hacían piezas más pequeñas de trabajo usando metales preciosos mientras que los herreros dedicaban su tiempo a las armas, herramientas y herraduras. Basándose en la arquitectura de los centros palaciegos y los bienes encontrados allí, los arqueólogos creen que los hábiles herreros vivían cerca de la administración de los estados palaciegos.

Figuras y figurillas

La evidencia sugiere que los micénicos no crearon grandes esculturas, pero sí una variedad de pequeñas estatuillas, figuras y figurillas, siendo la arcilla el material más común. Hasta ahora se han descubierto objetos de esta variedad en casi todos los sitios arqueológicos micénicos conocidos, lo que indica que la práctica de hacer tales artículos era común y quizás incluso necesaria como parte de la cultura. Algunas figurillas parecen servir para fines religiosos mientras que otras eran más decorativas. Se han encontrado estatuillas con fines de culto en Tirinto y Agios Konstantinos.

La mayoría de las estatuillas griegas micénicas son de mujeres y tienden a ser antropomórficas o zoomórficas, lo que significa que poseen anatomía o características animales. Las figurillas femeninas pueden dividirse en tres categorías principales que experimentaron aumentos de popularidad durante diferentes períodos de tiempo. Las agrupaciones fueron del tipo phi, del tipo psi y del tipo tau. Una figura de tipo phi se parecía a la letra griega phi, que significa que los brazos dan al cuerpo una forma redonda. Este tipo data de aproximadamente 1450 a. C. Luego vinieron los tipos psi, que se asemejaban a una mujer con los brazos levantados y extendidos. Se originaron alrededor del 1250 a. C. y rápidamente se hicieron populares. El tipo tau fue el último en aparecer, no apareció hasta el 1100 a. C. Estos se parecían a la letra griega "tau". Los arqueólogos suponen que las figuritas tenían múltiples propósitos. Primero, eran probablemente votivos para altares caseros ya que se encuentran frecuentemente en montones de basura doméstica. Segundo, probablemente eran juguetes de niños ya que se encuentran en las tumbas de niños y niñas fallecidos, a veces aferrados al pecho[54].

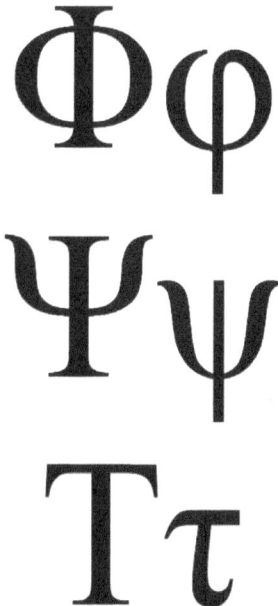

Griego "Phi" Griego "Psi" Griego "Tau"

---

[54] K.A. y Diana Wardle, "The Child's Cache at Assiros, Macedonia", in Sally Crawford and Gillian Shepherd (eds): *Children, Childhood and Society: Institute for Archaeology and Antiquity Interdisciplinary Studies (Volume I),* Oxford: Archaeopress, 2007.

Frescos

Como gran parte de su cultura, los micénicos fueron influenciados por los minoicos en sus frescos o en sus elaboradas pinturas murales. Se pueden encontrar piezas por toda la Grecia continental en palacios, así como en viviendas domésticas, con algunos de los mejores ejemplos procedentes de Pilos, Micenas, Cigoúries y Tirios[55]. Los micénicos pintaron sus frescos aplicando las pinturas directamente sobre la superficie de la piedra del muro sin una sustancia intermedia. Parecía que se utilizaban pinceles, potencialmente hechos de crin de caballo. Al igual que los minoicos, los micénicos representaban a los hombres usando el color rojo y a las mujeres con el color blanco. Los metales preciosos también se correspondían con los tres colores primarios: el oro era amarillo, la plata era azul y el bronce era rojo. Las escenas y temas populares de los frescos eran la caza, las procesiones religiosas, el salto de toros, las batallas famosas, las narraciones o eventos mitológicos y las formas geométricas en general. Los arqueólogos e historiadores del arte han notado similitudes entre los temas de los frescos y los de la cerámica.

---

[55] Sara A. Immerwahr, *Aegean Painting in the Bronze Age*, University Park: Pennsylvania State University Press, 1990.

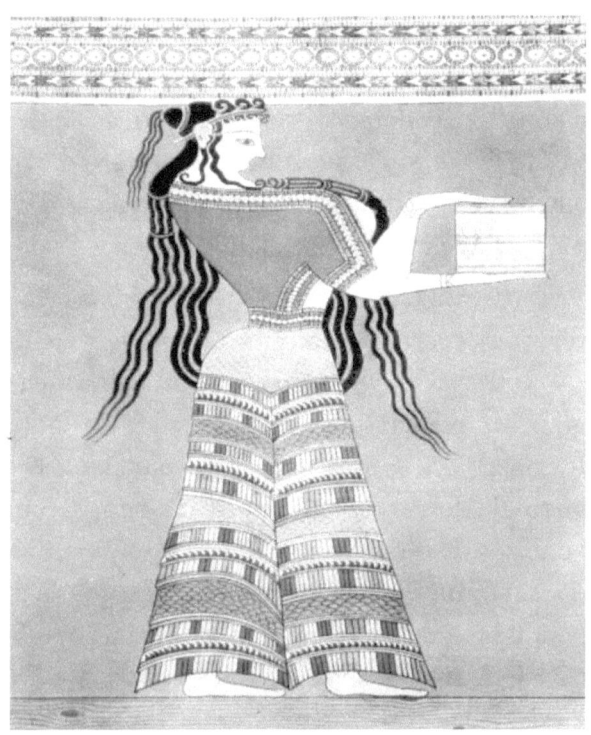

Fresco de una mujer micénica

Cerámica

La alfarería es quizás uno de los mayores activos de la comunidad académica contemporánea cuando se trata de entender a los micénicos. La cerámica no solo era omnipresente, lo que significa que casi todos los micénicos vivos necesitaban tener una vasija para funcionar en la sociedad, sino que gran parte de ella ha sobrevivido a miles de años de erosión y desastres naturales, por lo que los profesionales son capaces de identificar de dónde procedían los fragmentos, qué estilo tenían, quién podría haber utilizado la vasija terminada y la importancia cultural y económica del objeto.

La mayoría de la alfarería micénica consiste en cerámicas de terracota que fueron moldeadas y cocidas a mano para crear una variedad de estilos. Las vasijas terminadas podrían haber sido utilizadas por una amplia gama de razones, incluyendo el almacenamiento de alimentos sobrantes, la fermentación del vino, el transporte de agua, o la simple ornamentación y decoración. El estudio de estos objetos tiene una larga y complicada historia en el campo de la arqueología debido a las convenciones de denominación, los problemas de identificación errónea y el fracaso de la elaboración de sistemas de clasificación durante la primera mitad del siglo XX. A pesar de estos problemas, los académicos han creado un sistema completo de clasificación de la cerámica micénica.

Para contar como cerámica micénica, una pieza debía producirse entre 1600 y 1000 a. C. y ser creada por reconocidos alfareros micénicos griegos. Algunas piezas encontradas en la región de los asentamientos micénicos comparten algunas similitudes con las vasijas micénicas, pero se descubrió que eran minoicas. También se han descubierto trabajos de otras civilizaciones y lugares del Mediterráneo, incluido el Levante, fuera de lugares como Micenas. Mientras tanto, se ha encontrado cerámica micénica en abundancia en lugares como Italia y Sicilia, lo que indica la posible presencia de fuertes rutas comerciales[56].

Los arqueólogos dividen la cerámica micénica en cuatro fases principales que poseen sus propias categorías y complejidades. Estas fases son la micénica temprana, la micénica media, el período palaciego y el período pospalaciego[57]. Aunque los artesanos y los individuos fabricaban cerámica durante cada período y las piezas necesitaban ser utilizadas en la vida cotidiana, los arqueólogos creen que los especímenes encontrados pertenecían principalmente a la élite y a las clases altas. La alfarería era el trabajo de los esclavos o de la gente de clase baja, pero los pobres no podían permitirse enterrar a sus muertos con estas piezas. En su lugar, los ricos a menudo eran enterrados con sus vasijas más elaboradas o hermosas, lo que permitía

---

[56] Evans, A.J. "Knossos: I The Palace (Plates XII and XIII)", *The Annual of the British School at Athens*, 1901, p. 3-69.

[57] Rutter, *The Oxford Handbook of the Bronze Age Aegean*, ed. by Eric H. Cline, Oxford: Oxford University Press, 2012.

su preservación. La cerámica también podría haber sido utilizada durante las ceremonias religiosas y como regalos entre los gobernantes micénicos; estas piezas también eran típicamente seleccionadas para su preservación. A continuación, se presentan algunos ejemplos de cerámica micénica, entre ellos los ritones, que son copas con forma de cabezas de animales.

Una jarra de cuello falso

Una jarra de estribo

Krater, aprox. 1375-1300 a. C.

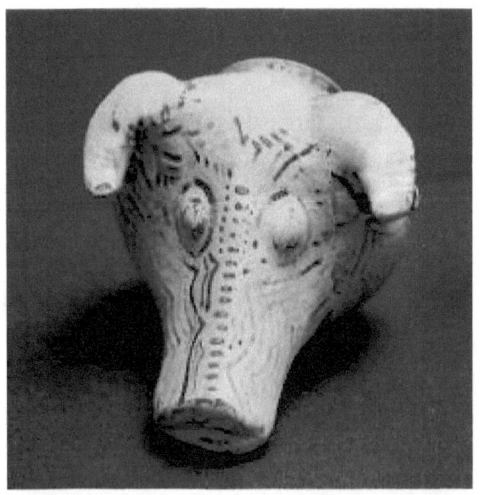

Ritón de cabeza de jabalí, aprox. 1300-1200 a. C.

Ritón de cabeza de todo, aprox. 1300-1200 a. C.

Estas imágenes muestran una gama de épocas y estilos, pero hay algunas similitudes entre las piezas. La cerámica tendía a ser gruesa y hecha de arcilla resistente, que se horneaba y secaba antes de ser pintada. Los micénicos favorecían los patrones geométricos, la vida marina y las flores. En algunas piezas, los artesanos podían cubrir la superficie con una escena como parte de un campo de batalla. Los arqueólogos creen que los ejemplos mostrados arriba representan cerámica que probablemente pertenecía a los ricos, quienes habrían podido encargar trabajos pintados. Sin embargo, sin estas piezas, el público contemporáneo no podría comprender la función de la cerámica, sus lecciones sobre la clase social micénica y las tecnologías a las que tuvo acceso la civilización.

Conclusión

Una de las preguntas más frecuentes sobre el estudio de las civilizaciones antiguas es una que hace llorar a los académicos, pero que necesita ser contestada: ¿Por qué a nosotros, como humanos, nos importa la forma en que la gente vivía hace miles de años?

En el caso de Micenas, hay numerosas razones para que la audiencia contemporánea se interese. Como pueblo, los micénicos dominaron gran parte del Mediterráneo y sentaron las bases para que la mayor civilización occidental diera frutos. La evolución y el desarrollo humanos no ocurren en el vacío. En cambio, puede entenderse mejor como una larga cadena llena de fosas, huecos, círculos cerrados y las conexiones más importantes que unen a las sociedades. Los griegos, tal como los conoce la gente moderna, y por extensión, todas las civilizaciones y países influenciados por ellas, no existirían si no fuera por los micénicos.

Aparte de estas razones prácticas necesarias para entender las civilizaciones antiguas, también hay una curiosidad natural. ¿Cómo pudo la gente vivir en un terreno tan duro como el Peloponeso y aun así desarrollar una administración cohesiva con un poderoso ejército y una marina capaz de establecer rutas comerciales que habrían tardado meses en recorrer? ¿Cómo vivían los humanos de hace miles de años?

¿Eran como nosotros?

Los micénicos desempeñaron un papel importante y fundamental en el desarrollo humano de la región del Mediterráneo, y también contribuyeron con innovaciones muy necesarias en tecnologías esenciales como la ingeniería y la arquitectura. Aunque muchos individuos modernos saben poco sobre ellos, es seguro decir que la vida no sería la misma si este robusto grupo de personas no hubiera decidido construir sus asentamientos en los afloramientos rocosos de Grecia hace casi 4.000 años.

Entonces, ¿qué hicieron? ¿Por qué deberíamos recordarlos? Los micénicos desarrollaron una estructura política y una religión que sigue siendo una de las más reconocibles de la historia. Sus rutas comerciales en el Mediterráneo conectaban sociedades dispares, y sus avances militares permitieron el desarrollo de Esparta, tal vez la cultura de lucha más legendaria conocida por Occidente. Los micénicos también poseían la primera instancia del griego escrito, y muchas palabras utilizadas en idiomas como el inglés son en realidad de origen micénico. En ingeniería, lanzaron proyectos a gran escala que no serían rivales en Europa hasta la llegada de los romanos y sus famosas carreteras. Como precursores y creadores de una cultura que sería adoptada y perfeccionada por uno de los pueblos más influyentes de la historia, no debe sorprender que muchos historiadores antiguos consideren que la Grecia micénica es una cuna de la civilización[58].

---

[58] Castleden, *Mycenaeans*, p. 231.

Vea más libros escritos por Captivating History

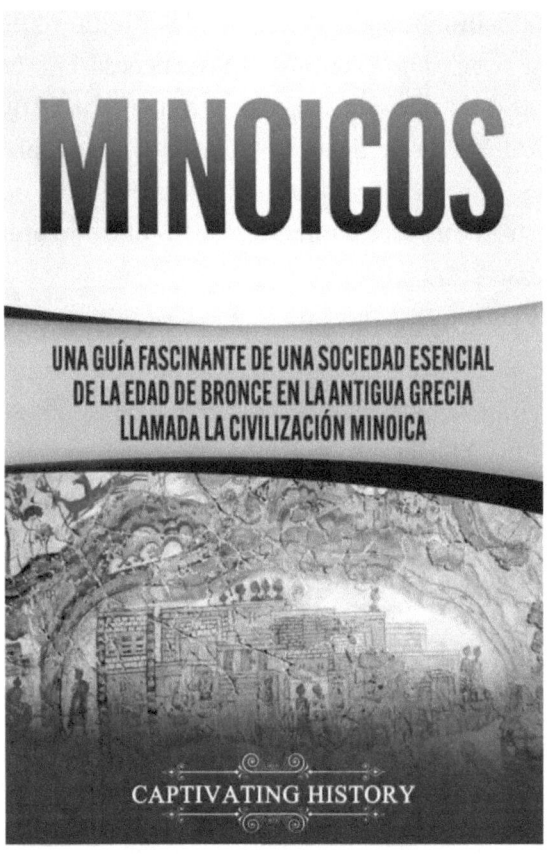

Referencias

Bryce, Trevor. *The Kingdom of the Hittites*. Oxford: Oxford University Press, 2005.

Budin, Stephanie Lynn. *The Ancient Greeks: An Introduction*. New York: Oxford University Press, 2009.

Castleden, Rodney. *The Mycenaeans*. New York: Routledge, 2005.

Chadwick, John. *The Mycenaean World*. Cambridge: Cambridge University Press, 1976

Cline, Eric H. *1177 B.C. The Year Civilization Collapsed*. Princeton: Princeton University Press, 2014.

Cline, Eric H. "Rethinking Mycenaean International Trade with Egypt and the Near East". In Galaty, M.; Parkinson, W. *Rethinking Mycenaean Palaces II: Revised and Expanded Edition*. Los Angeles: Cotsen Institute of Archaeology, 2007.

Cline, Eric H. *The Oxford Handbook of the Bronze Age Aegean*. Oxford: Oxford University Press, 2012.

Sigrid Deger-Jalkotzy and Irene S. Lemos, eds. *Ancient Greece: From the Mycenaean Palaces to the Age of Homer*. Edinburgh: University of Edinburgh Press, 2006.

Dickinson, Oliver. *The Origins of Mycenaean Civilization.* Götenberg: Paul Aströms Förlag, 1977.

Drews, Robert. *The End of the Bronze Age.* Princeton: Princeton University Press, 1993.

Evans, A.J. "Cnosos: I The Palace (Plates XII and XIII)". *The Annual of the British School at Athens*, 1901.

Fields, Nic. *Bronze Age War Chariots.* Oxford: Osprey Publishing Company, 2006.

Fields, Nic. *Mycenaean Citadels c. 1350-1200 BC* 3rd ed. Oxford: Osprey Publishing Company, 2004.

Freeman, Charles. Egypt, Greece and Rome: Civilizations of the Ancient Mediterranean 3rd ed. Oxford: Oxford University Press, 2014.

Gilstrap, William; Day, Peter; Kaza, Konstantina; Kardamaki, Elina. "Pottery Production at the Late Mycenaean Site of Alimos, Attica". *Materials and Industries in the Mycenaean World: Current Approaches to the Study of Materials and Industries in Prehistoric Greece.* University of Nottingham, 9-10 May 2013. Nottingham, UK. pp. 13-14.

Horrocks, Geoffrey. *Greek: A History of the Language and Its Speakers* 2nd ed. Oxford: Wiley-Blackwell, 2010.

Immerwahr, Sara A. *Aegean Painting in the Bronze Age.* University Park: Pennsylvania State University Press, 1990.

K.A. and Diana Wardle. "The Child's Cache at Assiros, Macedonia". In Sally Crawford and Gillian Shepherd (eds.): *Children, Childhood and Society: Institute for Archaeology and Antiquity Interdisciplinary Studies (Volume I).* Oxford: Archaeopress, 2007.

Donald Kagan and Gregory F. Viggiano, eds. *Men of Bronze: Hoplite Warfare in Ancient Greece.* Princeton: Princeton University Press, 2013.

Kelder, Jorrit M. The Kingdom of Mycenae: A Great Kingdom in the Late Bronze Age Aegean. Bethesda: CDL Press, 2010.

Mylonas, George Emmanuel. *Mycenae and the Mycenaean Age*. Princeton: Princeton University Press, 1966.

Neer, T. Richard. Greek Art and Archaeology: A New History, c. 2500-c. 150 BCE. New York: Thames and Hudson, 2012.

Nilsson, Martin Persson. *Geschichte der Griechischen Religion* (3rd ed.). Munich: C.H. Beck Verlag, 1967.

Nilsson, Martin Persson. *Greek Popular Religion*. New York: Columbia University Press, 1940.

Pausanias. *Description of Greece*, VIII-37.6.

Schepartz, Lynne E., Sharon R. Stocker, Jack L. Davis, Anastasia Papathanasiou, Sari Miller-Antonio, Joanne M. A. Murphy, Michael Richards, and Evangelia Malapani. "Mycenaean Hierarchy and Gender Roles: Diet and Health Inequalities in Late Bronze Age Pylos, Greece". In *Bones of Complexity: Bioarchaeological Case Studies of Social Organization and Skeletal Biology*. Edited by Haagen D. Klaus, Amanda R. Harvey, and Mark N. Cohen. Gainesville: University of Florida Press, 2017.

Schofield, Louise. *The Mycenaeans*. Los Angeles: J. Paul Getty Museum, 2006.

Tartaron, Thomas F. *Maritime Networks in the Mycenaean World*. Cambridge: Cambridge University Press, 2013.

www.ingramcontent.com/pod-product-compliance
Lightning Source LLC
LaVergne TN
LVHW041650060526
838200LV00040B/1784